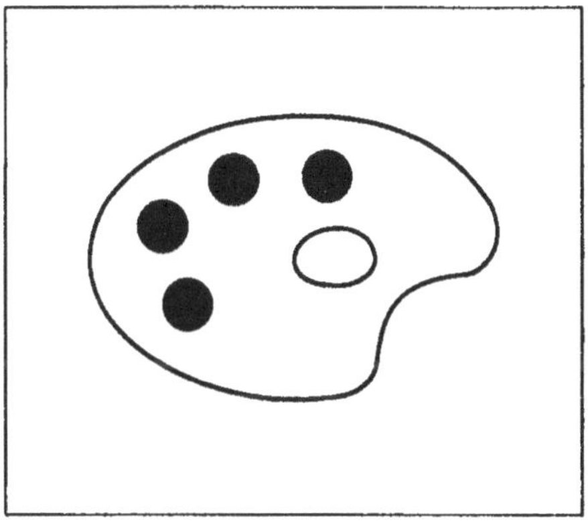

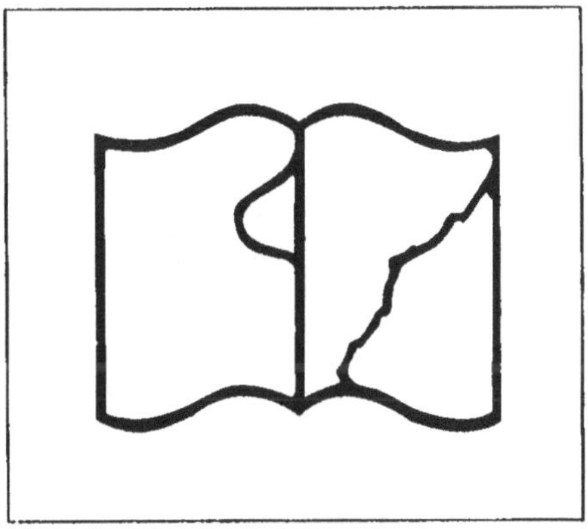

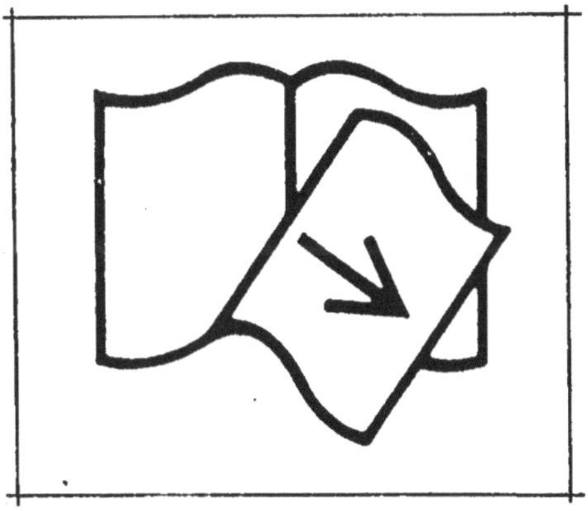

THÉATRE

EN VERS

*Il a été tiré en tout trois cents exemplaires
sur papier vélin
et quinze sur papier de Hollande.*

LÉOPOLD HERVIEUX

THÉATRE

EN VERS

PARIS
CHARLES, LIBRAIRE
8, RUE MONSIEUR-LE-PRINCE, 8

1891

LE LIVRE

AU LECTEUR

Permets que, prenant la parole
A la place de mon auteur,
Près de toi, lecteur bénévole,
Je sois mon propre introducteur.

Crois-moi, je ne suis pas frivole :
De moi tu peux être acheteur,
Et, sans regretter ton obole,
La verser à mon éditeur.

Je renferme une tragédie,
Une légère comédie,
Une autre d'un genre élevé.

Ce qui te plaît, grave ou folâtre,
Par toi donc dans un tel théâtre
Doit être forcément trouvé.

BRUNEHILDE

DRAME HISTORIQUE
EN CINQ ACTES, EN VERS

Février 1852.

PERSONNAGES.

BRUNEHILDE, veuve de Sighebert, roi d'Austrasie.
CHILPÉRIC, roi de Neustrie.
FRÉDÉGONDE, femme de Chilpéric.
MÉROVÉE, fils de Chilpéric et d'Audowère.
GODIN, leude Austrasien.
ROSAMONDE, suivante de Brunehilde.
GAÏLEN, ami d'enfance de Mérovée.
UN MESSAGER.
GARDES.

L'action se passe dans un château situé à Paris, sur la rive gauche de la Seine, en face de la Cité.

BRUNEHILDE

ACTE PREMIER

SCÈNE PREMIÈRE

BRUNEHILDE, ROSAMONDE.

BRUNEHILDE.
Avec toi, ce matin, il faut que je converse ;
Dans ton cœur, Rosamonde, il faut que je déverse
Les soucis que le mien ne peut plus contenir ;
Pendant quelques instants je veux t'entretenir :
Les heures de la nuit se sont pour moi passées
A porter mon esprit vers de tristes pensées ;
Pour m'y soustraire, en vain j'ai cherché le sommeil ;
Sans avoir clos les yeux, j'ai revu le soleil.
Aussi dès son lever ai-je quitté ma couche.
Toi qui prends tant de part à tout ce qui me touche,
Apprends donc maintenant d'où provient mon tourment.
J'ai dans le fond du cœur un noir pressentiment ;

Sans succès Sighebert, cédant à ma prière,
Deux fois à Chilpéric a déclaré la guerre;
Deux expéditions n'ont déjà rien produit;
Je crains que la troisième aussi ne soit sans fruit.
Elle est jusqu'à ce jour heureusement menée;
Mais à s'interposer la fortune obstinée
Peut au dernier moment encore tout changer,
Et, si j'étais réduite à ne pouvoir venger
Mon honneur et la mort de ma sœur Galeswinthe,
Je crois.....

ROSAMONDE.

Quittez, madame, une pareille crainte.
Quand tout semble promettre un triomphe certain,
Pourquoi vous méfier à ce point du destin ?
Les villes de l'Ouest se sont déjà livrées ;
A leur exemple aussi, les autres préparées
A secouer le joug de leur persécuteur,
Attendent votre époux comme un libérateur.
Ce célèbre héros, ce jeune homme énergique,
Fameux par sa bravoure et par sa fin tragique,
Cet éclatant guerrier, qui, pour votre malheur,
Fit contre Gondobald l'essai de sa valeur,
Et qui, dans cent endroits sur les bords de la Loire,
Sut deux ans se couvrir d'une si grande gloire,
Ce fils de Chilpéric que vous redoutiez tant,

Théodebert enfin est mort, en combattant
Contre Godhésigel et contre le duc Bose.
De son coupable frère abandonnant la cause,
Le prudent roi Gonthramn qui craint votre courroux,
Afin de l'éviter, s'est rapproché de vous ;
Chilpéric ne peut plus, par une habile intrigue,
Obtenir qu'avec lui contre vous il se ligue;
Gonthramn est trop sensé pour trahir Sighebert.
Privé de son armée et de Théodebert,
Dans Tournay dont les murs sont son suprême asile
Votre ennemi se cache et demeure immobile,
Et c'est là qu'il attend que votre auguste époux
A son trône ébranlé porte les derniers coups.
Calmez donc vos esprits, et sans trouble illusoire
Attendez quelques jours encore une victoire,
Que, nul n'étant de taille à la lui disputer,
Sighebert ne peut pas manquer de remporter.

BRUNEHILDE.

Je sais bien qu'il mettra toute sa diligence
A hâter, s'il se peut, le jour de ma vengeance.
Mais je garde toujours en ma mémoire écrits,
Ces mots, que Germanus, l'évêque de Paris,
Prononça devant lui d'un ton grave et sévère :
« Si tu pars, sans vouloir le trépas de ton frère,
Tu reviendras ici sain et sauf et vainqueur.

Si, malgré mes avis, dans le fond de ton cœur
Tu nourris, sans pouvoir dominer ton envie,
Le criminel dessein d'attenter à sa vie,
Tu périras; car Dieu nous a fait autrefois
Dire par Salomon dont il a pris la voix :
« Le frère dans la fosse à son frère apprêtée
« Trouvera le premier une mort méritée. »
Sighebert se sentit troublé profondément,
Et, s'il avait alors écouté seulement
L'impression sur lui faite par le saint prêtre,
A se mettre en campagne il eût sursis peut-être.
Mais, voyant que j'étais d'un autre sentiment,
Il ne se soumit pas à l'avertissement.
Dieu veuille qu'il n'ait pas trop fait pour me complaire!

ROSAMONDE.

Pourquoi du ciel ainsi redouter la colère?
Et, quand vous poursuivez un si juste projet,
Pourquoi sans nul motif vous en croire l'objet?
Faut-il vous effrayer des paroles d'un homme,
Qui, quelque saint qu'il soit, n'est pas prophète en somme.
Ce qui peut, avec plus d'infaillibilité,
Vous faire apprécier quelle est la volonté
Du Dieu, dont vous jugez la vengeance possible,
C'est le constant appui, c'est le secours sensible
Qu'il prête à votre époux au milieu des combats,

C'est l'amour des vaincus, qui, lui tendant les bras,
Attendent du vainqueur la fin de leur détresse.
Vous-même vous savez avec quelle allégresse,
Quand dans la plaine au loin votre escorte eut paru,
Le peuple de Paris vers vous est accouru,
De quels honneurs par lui vous fûtes entourée
Et quelle foule immense acclama votre entrée.
Tant de signes certains vous manifestent bien
Que de vos plans le ciel est vraiment le soutien.

BRUNEHILDE.

C'est en vain que tu veux détourner ma pensée
Des périls dont je sens que je suis menacée :
Non, tant que Frédégonde aura sa liberté,
Je ne m'oserai point croire en sécurité;
Plus l'accable le sort, plus sa main est à craindre.
An moment où l'on pense être sûr de l'atteindre,
Terribles instruments prompts à la dégager,
Le fer ou le poison la tirent du danger.
En y réfléchissant, maintenant je commence
A voir que j'ai commis une grave imprudence,
Quand j'ai si vite pris le chemin de Paris :
J'ai peur que ce désir, qu'en mon cœur je nourris,
De venger au plus tôt ma sœur infortunée,
A ma perte ne m'ait follement entraînée.
Si ma rivale, habile à frapper de grands coups,

Par le bras d'un sicaire atteignait mon époux,
Pour fuir nous n'aurions plus aucune route ouverte...

ROSAMONDE.

Comment cette pensée à vous s'est-elle offerte,
Quand, désorientée en face de la mort,
Frédégonde ne songe à faire aucun effort ?
Cessez donc de trembler, et, lorsque par un crime
Elle ne peut tenter d'échapper à l'abîme,
Loin de la redouter, comptez sur le succès.

BRUNEHILDE.

J'ai confiance en toi, Rosamonde ; je sais
Que tu ne cherches pas par de vaines paroles
A remplir mon esprit d'espérances frivoles ;
De tes raisonnements je comprends la valeur ;
Mais, je ne sais pourquoi, je pressens un malheur.
Quoique tout s'offre à moi sous les meilleurs auspices,
Le triomphe est bordé de tant de précipices,
J'ai déclaré la guerre à de tels ennemis,
Que, tout en approuvant tes discours, je frémis.
Ce qui me fait défaut, ce n'est pas le courage ;
Si de mes ennemis je crains encor la rage,
Non, ce n'est pas pour moi, mais c'est pour Sighebert,
Qui peut-être contre eux se croit trop à couvert,
Et c'est pour Childebert, de qui la frêle enfance,
Si son père mourait, resterait sans défense.

Néanmoins, quels qu'en soient les effets, tes avis,
Si Dieu me le permet, seront par moi suivis.
Tandis qu'en ce palais tout le monde sommeille,
Je vais prier celui qui sur les humains veille
De faire revenir dans mon âme aujourd'hui
Une paix qui ne peut y rentrer que par lui.
Laisse-moi donc ici toute seule en prière ;
Veille sur mon enfant ; s'il appelle sa mère
Et s'il pleure, dis-lui qu'il va bientôt la voir.
ROSAMONDE.
Je vais à l'instant même accomplir ce devoir.

SCÈNE II

BRUNEHILDE, seule.

Si dans la mission que je me suis donnée,
Grand Dieu, je ne suis pas au but par toi menée,
Si du crime qu'ils ont contre ma sœur commis
Tu ne me laisses pas punir mes ennemis,
Si, pour mieux la venger, ta sagesse suprême
Préfère de son bras les frapper elle-même,
Accomplis ton dessein, je l'accepte à genoux ;
Mais épargne mon fils, épargne mon époux !
Grand Dieu, de la vengeance à toi seul est le glaive ;
Quand un homme imprudent malgré toi le soulève,

Il est souvent lui-même écrasé de son poids.
Si celui qui l'a pris sans connaître tes lois,
Dans cette occasion n'a su que te déplaire,
Daigne au moins n'accabler que moi de ta colère ;
Car ce n'est pas pour lui que combat Sighebert.
Et ce n'est certes pas non plus pour Childebert.
La guerre, dont son âme est si préoccupée,
Seule je la dirige, il n'est que mon épée ;
C'est sur moi toute seule, et non sur mon époux
Ni sur mon fils, que doit éclater ton courroux.
Si tu n'es pas sensible à cette humble prière,
Accorde-moi du moins une grâce dernière :
Tiens l'issue incertaine autant que tu voudras ;
Mais du moins, jusqu'à l'heure, où tu me montreras
Si ta volonté sainte entrave ou favorise
Le dénoûment heureux de ma grande entreprise,
Rends à mon triste cœur, que tu viens d'en priver,
Le calme qu'il essaie en vain de retrouver.
Tel est le dernier vœu que forme ta servante.

SCÈNE III

BRUNEHILDE, UN GARDE.

LE GARDE.
Reine, dans ce palais un homme se présente ;

Jusques auprès de vous il voudrait parvenir.
Il dit qu'il est chargé de vous entretenir
Par le roi, votre époux, qui vers vous le député,
Des divers incidents que fait surgir la lutte.
Vous pouvez sans péril lui permettre d'entrer :
A des signes certains il vient de me montrer
Qu'il n'a rien de suspect. Puis-je ici le conduire ?

BRUNEHILDE.
Puisqu'il en est ainsi, vous pouvez l'introduire.

SCÈNE IV

BRUNEHILDE, seule.

Grand Dieu ! de ma prière est-ce déjà l'effet ?
De mon humilité serais-tu satisfait
Et voudrais-tu déjà me le faire comprendre ?
Que va-t-on m'annoncer ? J'ai hâte de l'apprendre.
Ah ! de le deviner que n'ai-je le pouvoir ?
Mais par le messager je m'en vais le savoir.
Le voici.

SCÈNE V

BRUNEHILDE, LE MESSAGER.

LE MESSAGER.
De la part de Sighebert, mon maître,

Reine, je viens ici pour vous faire connaître
Les succès éclatants qu'il vient de remporter.
Du triomphe final on ne peut plus douter.
Ayant mis l'ennemi plusieurs fois en déroute,
De Tournay sans retards il a suivi la route.
Dans tous les lieux qu'il a tour à tour traversés,
Des crimes de leur roi les habitants lassés,
Au lieu de préparer la moindre résistance,
Ont tous de votre époux imploré l'assistance.
Il en est résulté que, de Paris parti,
Depuis dix jours à peine il en était sorti
Qu'il atteignait Vitry, localité voisine
De celle où Chilpéric sans espoir se confine.
C'est là qu'il se trouvait encore à mon départ,
Et de là que je viens près de vous de sa part.
Tandis qu'en cet endroit, à l'abri de tout piége,
En hâte il réunit tous les engins de siége,
Tous les jours, à toute heure, et d'instants en instants,
Partis des bords du Rhin, de nouveaux combattants
S'empressent de grossir les rangs de son armée.
Pour un roi, dont partout s'étend la renommée,
Les Francs de la Neustrie abandonnant leur roi,
Ne cessent de venir se ranger sous sa loi.
Ne voulant plus d'un chef que l'opprobre environne,
Ils ont à votre époux déféré sa couronne,

Et dans son camp il a, porté sur le pavois,
Pu s'entendre acclamer par des milliers de voix.
Laissez-moi maintenant vous dire quelque chose
Du plan qu'en ce moment Sighebert se propose,
Si des événements rien n'interrompt le cours,
De poursuivre et de mettre à fin en peu de jours :
Tandis que dans Tournay Chilpéric tremble et reste
Frappé d'une terreur qui lui sera funeste,
Il va, sans lui laisser le temps de s'échapper,
Avec tous ses guerriers bientôt l'envelopper,
Le capturer au fond de sa propre tanière,
Faire aussi Frédégonde avec lui prisonnière,
Et, de Tournay venant avec eux près de vous,
Devant vous les forcer à fléchir les genoux.
Voilà ce que j'étais chargé de vous apprendre.

BRUNEHILDE.

Quelle joie à mon cœur votre récit vient rendre!
C'est donc à tort, mon Dieu, que j'ai douté de vous!

LE MESSAGER.

Souffrez que je retourne auprès de votre époux ;
Je n'ai pas en son nom autre chose à vous dire.
Veuillez donc m'excuser, reine, si je désire
Des travaux de l'armée aller prendre ma part ;
Si je différais plus, j'arriverais trop tard.

BRUNEHILDE.
Loin de le condamner, j'approuve votre zèle;
Puisqu'une ardeur si noble à Vitry vous rappelle,
Allez, mais instruisez votre roi du bonheur
Que son heureux message a versé dans mon cœur.

SCÈNE VI

BRUNEHILDE, seule.

Je vais donc bientôt voir devant moi prosternée
Celle qui fit périr ma sœur infortunée;
Je vais voir avec elle à mes pieds son mari;
Ce désir que mon âme a si longtemps nourri,
Je vais le voir comblé ! Cruelle Frédégonde,
A l'orage imminent qui sur ta tête gronde,
C'est en vain que tu vas essayer d'échapper :
S'il a tardé longtemps, c'est pour mieux te frapper.
Le fer et le poison, qui, te prêtant leur aide,
Sont dans les grands périls ton suprême remède,
Ne peuvent plus avoir d'utilité pour toi :
L'armée austrasienne est fidèle à son roi.
Quelque prix alléchant que tu puisses promettre,
Tu ne découvriras dans ses rangs aucun traître,
Et jusqu'à Sighebert, qui saura les braver,
Tes agents sans succès tenteront d'arriver.

Moi-même je ne crains de toi nulle entreprise :
Le peuple de Paris sous sa garde m'a prise,
Et, veillant sur mes jours avec un soin jaloux,
Il me préservera de tes perfides coups,
Et punira de mort les lâches mercenaires
Qui voudraient accomplir tes ordres sanguinaires.
S'il est vrai que tu sois, et que tu puisses voir
Tout ce que j'entreprends pour remplir mon devoir,
Renonce à la tristesse où ton âme est plongée,
Console-toi, ma sœur; tu vas être vengée !
Je vais faire expier à nos deux ennemis
Le crime, qu'en t'ôtant la vie ils ont commis.

SCÈNE VII

BRUNEHILDE, MÉROVÉE.

MÉROVÉE.

Tout est perdu pour vous, il faut prendre la fuite,
Madame ; Chilpéric est à votre poursuite.
Hâtez-vous, le temps presse, épargnez les instants :
Dans une heure peut-être il ne serait plus temps.

BRUNEHILDE.

Qui vous envoie ici ? Que me venez-vous dire ?
Vous-même hâtez-vous d'abréger mon martyre.

NÉROVÉE.

Madame, votre époux est mort assassiné.
Vers lui par Frédégonde envoyés de Tournay,
Deux hommes, qui portaient, passé dans leur ceinture,
Un skramasax, des Franks ordinaire parure,
Mais dont rien n'annonçait les desseins criminels,
Se dirent déserteurs, dans le camp comme tels
Entrèrent sans tourner contre eux la défiance,
Et du roi d'Austrasie obtinrent audience.
Votre époux, pour complaire à ses nouveaux sujets,
A tous les visiteurs donnait un libre accès.
Les deux nouveaux venus, aussitôt qu'ils le virent,
Tirant leur long poignard, sur lui tous deux fondirent
Et de chaque côté lui percèrent le flanc.
Le roi fit un grand cri, tomba couvert de sang
Et périt sans pouvoir se servir de ses armes.
Je me garderai bien de condamner vos larmes ;
Je sais trop bien quel est votre malheureux sort.
Mais sans retard, faisant sur vous un prompt effort,
Fuyez ; car vous aurez bientôt, je vous l'atteste,
Perdu ce seul moyen de salut qui vous reste.

BRUNEHILDE.

Mon époux n'est pas mort ; vous voulez me tromper.
Non, de vils meurtriers n'ont pas pu le frapper ;
Il vit encore, il vit, je ne peux pas vous croire ;

Il vit pour ma vengeance et pour sa propre gloire.
Mais qui donc êtes-vous, vous qui vous permettez
De venir m'effrayer avec ces faussetés?
Tremblez qu'en vous fixant mon œil ne vous confonde
Et ne découvre en vous l'agent de Frédégonde.
Je vois votre dessein : en troublant mes esprits,
Vous pensez m'attirer, hors des murs de Paris,
Au piège que vos mains ont pris soin de me tendre.
Mais vous-même, craignez de vous y faire prendre;
Car, si dans vos projets vous êtes confondu,
Vous recevrez de moi le prix qui leur est dû.

MÉROVÉE.

Au nom de votre fils, au nom de votre vie
Qui, si vous différez, va vous être ravie,
Croyez à ma parole et fuyez sans lenteur.
Vous prenez mes avis pour ceux d'un imposteur;
Mais de vous l'avenir me fera mieux connaître.
La volonté du ciel par malheur m'a fait naître
Votre ennemi; je dois l'être; mais mon dessein
N'est pas, sachez-le bien, d'être votre assassin.
Je dois vous l'avouer, Chilpéric est mon père;
Mais, ne l'oubliez pas, je suis fils d'Audowère.
C'est, dès mes premiers ans, elle qui m'a formé,
Et ses enseignements dans mon cœur ont germé.
Croyez donc que je suis tout-à-fait incapable

D'employer, pour vous perdre, une ruse coupable.
Étant votre ennemi, je me fusse abstenu
D'accourir près de vous, si j'avais moins connu
Chilpéric et surtout celle qui le domine;
Mais je sais à quel sort leur fureur vous destine.
Je peux payer bien cher ce que je fais pour vous;
De mon père sur moi dirigeant le courroux,
Frédégonde pourra m'infliger une peine
Terrible, si son bras la mesure à sa haine.
Si j'ai fait mon malheur en venant vous trouver,
Permettez que du moins il serve à vous sauver.
N'attendez pas qu'on sache une mort qu'on ignore;
Le peuple, qui de rien ne se méfie encore,
N'aura pas remarqué par où vous aurez fui;
Chilpéric ne pourra s'en instruire par lui,
Ou le saura trop tard, et vous serez sauvée.
C'est moi qui vous le dis, croyez-en Mérovée!

BRUNEHILDE.

Sighebert est donc mort, et c'est donc vainement
Que je voudrais rester dans mon aveuglement!
Frédégonde l'emporte, et c'est un double crime
Qui la fait triompher et me rend sa victime!
Par deux affreux forfaits elle ose m'outrager,
Et je ne pourrai pas à mon tour me venger!
Elle saura bientôt, je le lui veux apprendre,

Que ses lâches bourreaux ne peuvent la défendre.
Il ne sera pas dit que j'ai fait tant d'efforts
Pour n'aboutir enfin qu'à d'impuissants transports :
Je veux l'attendre ici pour la frapper moi-même...
Hélas! où va l'excès de ma douleur extrême?
Pardonnez-moi, mon Dieu, d'oser me révolter
Contre vos volontés que je dois respecter;
Mais, puisque vous m'ôtez mon unique espérance,
Permettez-moi du moins d'exhaler ma souffrance,
Et par un prompt trépas daignez me préserver
Des pénibles affronts dont on va m'abreuver...
Mais non, n'exaucez pas, ô mon Dieu, ma prière;
Car mon fils vit encore et n'a plus que sa mère.
Je serai désormais son unique soutien;
Tant qu'il le lui faudra, conservez-le lui bien.

MÉROVÉE.

Si dans son intérêt vous souhaitez de vivre,
Je vous l'ai déjà dit, madame, il faut me suivre...

BRUNEHILDE.

Eh bien!

MÉROVÉE.

N'hésitez pas.

BRUNEHILDE.

     Eh bien! je m'y résous :
Avec mon pauvre fils je m'abandonne à vous.

SCÈNE VIII
Les Mêmes, ROSAMONDE.
ROSAMONDE.

Madame, c'en est fait! Plus d'espoir! Le ciel semble
Vouloir vous accabler de tous les maux ensemble.
Chilpéric est vainqueur, Sighebert ne vit plus,
Et pour fuir vous feriez des efforts superflus :
Vous êtes d'ennemis partout environnée.
Vos gardes lâchement vous ont abandonnée :
Une terreur panique aveuglant leurs esprits,
Hommes, femmes, soldats, gardiens de votre fils,
En un mot, tous les gens qui formaient votre suite,
Ont de divers côtés pris à l'envi la fuite.
Moi seule, ranimant mon courage entre tous,
Je quitte votre enfant et j'accours près de vous
Vous apprendre un revers, dont mon âme éperdue
N'ose encore embrasser l'effrayante étendue.

BRUNEHILDE.

Hélas! je vois trop bien jusqu'où va mon malheur.
Mon cher neveu, devant l'excès de ma douleur,
De grâce, excusez-moi, si je vous importune;
Mais je me sens fléchir sous ma lourde infortune.
Protégez Childebert et je vous bénirai.

MÉROVÉE.

Tous deux, n'en doutez pas, je vous protégerai.

ACTE DEUXIÈME

SCÈNE PREMIÈRE
MÉROVÉE, GAÏLEN.

GAÏLEN.
Quoi, maître, quoi ! c'est vous qu'en ce palais je trouve ?
Quel sincère plaisir à vous revoir j'éprouve !
MÉROVÉE.
Oui, quand j'ai sur la route à vos yeux disparu,
C'est ici, Gaïlen, que je suis accouru.
GAÏLEN.
Quel motif vous a fait avec tant de mystère
Quitter subitement en chemin votre père
Et prendre les devants pour vous rendre en ces lieux ?
MÉROVÉE.
Ce motif, Gaïlen, n'est point mystérieux,
Et je ne prétends pas le cacher à personne :
J'ai voulu simplement, jugeant cette œuvre bonne,
Protéger Brunehilde, et, par un prompt effort,
L'arracher à l'opprobre et peut-être à la mort.

J'ai manqué mon dessein ; ma marâtre et mon père,
Sur mes intentions ne se méprenant guère,
M'ont suivi tous les deux si promptement ici
Qu'à la leur enlever je n'ai pas réussi.
Mais tout n'est pas perdu ; peut-être encor pourrai-je
Soustraire Brunehilde au danger qui l'assiège.

GAÏLEN.

Tout en rendant hommage à la rare bonté
Dont je sais votre cœur si noblement doté,
Je crains qu'à Frédégonde une telle entreprise
Auprès de Chilpéric sur vous ne donne prise,
Et que, lui procurant un prétexte à saisir,
Elle ne l'encourage à suivre son désir
De faire disparaître, en vous ôtant la vie,
Les droits que vous aurez un jour sur la Neustrie.
Dans Tournay Frédégonde a donné récemment
A son époux un fils qu'elle aime tendrement.
A défaut de Clovis et de vous, sans partage
De son père ce fils aurait seul l'héritage.
Mais par vos droits les siens se trouvent balancés :
Il vous faut vos deux parts du trône ; c'est assez
Pour attirer sur vous la haine de sa mère.
Ce n'est pas, j'en suis sûr, une vaine chimère
Dont mon esprit trompé cherche à vous effrayer ;
Sur de bonnes raisons je pense m'appuyer :

Rappelez-vous sa joie assez mal contenue,
Quand de Théodebert la fin lui fut connue.
Et pourtant son armée, écrasée avec lui,
Devant ses ennemis la laissait sans appui.
Comme Clovis et vous, votre valeureux frère
Était à son désir un obstacle contraire :
Du trône il se trouvait héritier présomptif ;
De sa haine pour lui c'était le seul motif ;
Pour vous haïr de même, elle n'en a point d'autre ;
Comme elle a vu sa mort, elle verrait la vôtre,
Et je serais surpris qu'en ayant le moyen
Contre votre existence elle ne tramât rien.
Telle est la vérité dont mon amitié pure
Devait d'abord placer sous vos yeux la peinture.
Mais, après vous avoir sans altération
Exposé simplement la situation,
Je dois vous avouer que je trouve trop belle
La voie où vous marchez, pour vous détourner d'elle.

MÉROVÉE.

Quel bonheur je ressens de te voir approuver
Ce que j'ose entreprendre afin de préserver
Ma tante des périls dont elle est menacée !
En voulant éloigner de moi cette pensée,
Tu n'aurais pu changer ma résolution.
Profondément ému de sa position,

Je viens de lui jurer de m'employer pour elle,
Et tu sais que je suis à mes serments fidèle.
Du reste, je peux bien te l'avouer, à toi
Dont l'amitié toujours fut si grande pour moi,
Lors même que, jugeant mon entreprise folle,
Elle désirerait me rendre ma parole,
Je n'accepterais pas d'en être dégagé,
Et dans les plus grands maux dussé-je être plongé,
Et dût-il m'en coûter mon existence même,
Je persévèrerais jusqu'au bout;... car je l'aime.

GAÏLEN.

Que dites-vous?

MÉROVÉE.

Écoute et ne m'accable point.
Je ne suis pas aveugle et je sais à quel point
Est coupable l'ardeur qu'a fait naître en mon âme
Celle qui de mon oncle était hier la femme :
Les plus augustes lois de la Divinité,
Les nœuds de l'alliance et de la parenté,
Ce respect si sacré que je dois à la cendre
De celui qu'à la terre un meurtre vient de rendre,
L'enfance de son fils que contre tout danger
Avant toute autre chose il me faut protéger,
La consternation de sa loyale épouse
Que, par un crime affreux, une femme jalouse

A fait subitement de la félicité
Tomber dans le veuvage et la captivité,
Tout s'arme contre moi, tout blâme, tout condamne
L'amour que je ressens comme un amour profane.
Crois donc que, par l'honneur avant tout inspiré,
Loin d'aggraver ses maux, je les allégerai.
Oui, tout en lui cachant le feu qui me dévore,
Je veux prêter main-forte à celle que j'adore,
Et, soutenu par lui, n'avoir plus qu'un seul but,
Faire, si je le puis, qu'il serve à son salut.

GAÏLEN.

Ah! c'est bien! c'est très bien! votre âme est généreuse.
Mais pour gagner ce but la route est dangereuse,
Et vous ne trouverez sans doute aucun secours.
Maître, daignez du moins accepter mon concours;
Souffrez que dans cette œuvre un ami vous seconde.

MÉROVÉE.

J'y compte.

GAÏLEN.

    Éloignons-nous de ce lieu. Frédégonde
Est ici tout à l'heure entrée avec le roi,
Et si vous désirez la fléchir, croyez-moi,
Avec elle si tôt n'ayez pas d'entrevue.
Au lieu de vous offrir tout de suite à sa vue,
Mettez-vous à l'écart; mais, grand Dieu, la voici!

SCÈNE II

Les Mêmes, FRÉDÉGONDE.

FRÉDÉGONDE.

Ah! c'est vous, mon beau-fils! Que faites-vous ici?
Dans quelle intention m'avez-vous devancée?

MÉROVÉE.

Servir les malheureux fut ma seule pensée.

FRÉDÉGONDE.

Et sans plus de façon, afin de les servir,
Aux mains de Chilpéric vous vouliez les ravir
Et les mettre en état de rallumer la guerre.
Rêver cela, c'était ne me connaître guère.
Mais j'ai su déjouer ce coupable projet,
Et dans votre intérêt je pense avoir bien fait;
Car, si vous aviez pu commettre un pareil crime,
Vous en auriez été la première victime.
Et néanmoins je crains encore un peu pour vous
D'un père ainsi trahi le trop juste courroux;
Vos actes en effet doivent peu lui complaire.
Il me serait aisé d'augmenter sa colère,
Et vous mériteriez que j'en agisse ainsi;

Mais je ne prendrai pas un semblable souci :
Pour rendre à votre égard sa rigueur dangereuse,
Soyez-en bien certain, je suis trop généreuse.
MÉROVÉE.
Je ne réclame pas pour moi votre bonté.
Si contre moi mon père est encore irrité,
Laissez-le n'obéir qu'à sa propre pensée,
Et veuillez seulement n'être plus courroucée.
Conduit par la pitié qu'engendre le malheur,
J'ai voulu d'une tante alléger la douleur.
Mais je n'ai pas songé, soyez-en convaincue,
A vous la faire craindre, alors qu'elle est vaincue.
Je n'ai jamais voulu trahir votre parti ;
A ses maux simplement mon cœur a compati ;
Je n'ai jamais cessé de vous être fidèle,
Et j'aurais fait pour vous ce que j'ai fait pour elle.
Mais, puisque vous avez, par votre habileté,
Fait avorter le plan que j'avais médité,
Au lieu de condamner une œuvre charitable,
Accordez-lui plutôt un appui profitable.
Vous avez sur mon père un absolu pouvoir ;
Vous obtenez de lui ce qu'il vous plaît d'avoir ;
Employez votre empire à sauver une reine
Sur qui l'adversité rudement se déchaîne.
L'ennemie a cessé d'être à craindre pour vous ;

Contre la belle-sœur n'ayez plus de courroux.
Vous venez d'obtenir une grande victoire;
Sachez vous en servir pour votre propre gloire,
Et pardonnez enfin; c'est un plaisir si doux!

FRÉDÉGONDE.

Je n'ai pas de conseil à recevoir de vous,
Prince; mon intérêt par trop vous préoccupe;
Mais de vos vœux secrets je ne suis pas la dupe.
Je devine vos plans, quoiqu'ils soient bien voilés,
Et je n'ignore pas ce qu'au fond vous voulez.
En vérité, j'admire ici votre impudence;
Vous devriez avoir un peu plus de prudence,
Respecter mes desseins et ne pas me lasser.
Comment! vous supposiez que j'allais me laisser
Gagner par la douceur de vos belles paroles,
Et que j'allais, servant vos espérances folles,
Lâcher des ennemis que je tiens sous ma loi
Et vous fournir ainsi des armes contre moi?
C'est faire peu de cas de mon intelligence
Et me croire vraiment bien de l'extravagance.
Ne persistez donc pas à me solliciter,
Si vous ne voulez pas contre vous m'irriter
Et voir à court délai vos conseils téméraires
Suivis de résultats à vos désirs contraires.

MÉROVÉE.
Je vous jure, et j'en prends le soleil à témoin
Que d'une trahison mon esprit est bien loin.
FRÉDÉGONDE.
Je viens de vous donner le conseil de vous taire;
Je vous répète encor cet avis salutaire.
MÉROVÉE.
Pourquoi vous méfier de ma sincérité?
M'avez-vous jamais vu fausser la vérité?
FRÉDÉGONDE.
Je suis lasse; il est temps que ce discours finisse :
Taisez-vous ou craignez que je ne vous punisse!
MÉROVÉE.
Eh bien! madame, eh bien! puisqu'il en est ainsi,
Je déchire le masque et vous déclare ici
Que je mènerai seul à fin mon entreprise.
Vous ne me causez point, du reste, de surprise,
Et j'étais convaincu que mon humilité
Ne triompherait pas de votre dureté,
Et que ce ne serait que de cette manière
Que je vous entendrais répondre à ma prière.
Aussi n'aurais-je pas fait un pareil effort,
S'il ne s'était agi que de mon propre sort;
Lors même que ma vie eût été menacée,
Je ne vous aurais point de mes discours lassée.

J'ai désiré n'avoir rien à me reprocher;
Mais votre cœur n'est pas de ceux qu'on peut toucher.
Aussi n'aurai-je pas l'inutile courage,
Madame, de poursuivre un impossible ouvrage.
          FRÉDÉGONDE.
Jeune homme, à me braver tu mets ta volupté;
Tu te repentiras de ta témérité;
Tôt ou tard mon courroux finira par t'atteindre.
          MÉROVÉE.
Même pour vos amis vous êtes fort à craindre;
Vous devez donc pour moi l'être encore bien plus.
Pour faire exécuter vos ordres absolus,
Vous n'avez qu'à parler; sur mon aveugle père
Vous avez un pouvoir qui tous les jours prospère,
Sur l'heure il satisfait votre moindre désir,
Et de tout vous céder se fait un doux plaisir;
Tout ce que vous voulez, vous l'obtenez sans peine.
Mais je suis fils du roi, si vous êtes la reine,
Et ce titre est par moi légalement porté :
Je l'ai par ma naissance; il n'est pas acheté
Au prix du déshonneur, comme le fut le vôtre;
Je ne me suis pas mis à la place d'un autre,
Et, pour l'avoir enfin, auprès de Chilpéric
De ma virginité je n'ai pas fait trafic.
Ce titre empêchera, madame, je l'espère,

Que vos desseins ne soient accomplis par mon père
Et suffira tout seul à me faire échapper
Aux coups dont vainement vous voudrez me frapper.
Mais je vous quitte; adieu; Godin vers vous arrive;
Je ne veux pas qu'ici ma présence vous prive
De vous entretenir avec lui sans témoin.

FRÉDÉGONDE.

Ah! je te le promets, je te mènerai loin!

SCÈNE III

FRÉDÉGONDE, GODIN.

FRÉDÉGONDE.

Oser m'injurier ainsi! Moi, Frédégonde!
Moi, qui fais obéir et trembler tout le monde!
Moi!...

GODIN.

  Qui donc contre vous s'est ainsi mutiné?

FRÉDÉGONDE.

Je rougis de le dire, un jeune forcené,
Un fils de Chilpéric, un enfant, Mérovée.

GODIN.

S'il est vrai qu'il vous ait si hardiment bravée,
Punissez-le, madame, avec sévérité,
Mais de vous émouvoir n'ayez pas la bonté.

FRÉDÉGONDE.

Oui, jusqu'à ce qu'enfin son trépas m'en délivre,
Je veux ne lui laisser nul repos, le poursuivre,
Le traquer, et lui faire un si malheureux sort
Que la vie ait pour lui moins d'attrait que la mort.
Mais sa punition, quoiqu'il m'ait offensée,
N'est pas ce que poursuit aujourd'hui ma pensée;
Je veux auparavant songer aux ennemis
Que le sort de la guerre entre mes mains a mis;
Car il ne suffit pas d'obtenir la victoire.
Si l'on veut l'empêcher de rester illusoire,
Il faut, quand l'heure vient d'en recueillir les fruits,
Savoir mettre la main sur ceux qu'elle a produits.
Quand ma position était désespérée,
Un meurtre, m'arrachant à ma perte assurée,
Comme vous le savez, par un soudain retour
M'a rendu le triomphe et la vie en un jour.
J'ai de mes ennemis maintenant la couronne;
Mais, pour la conserver, il convient que personne
N'aspire à remplacer au trône Sighebert;
Je dois donc mettre à mort sa veuve et Childebert.
En voulant de la sorte assurer ma conquête,
Il ne faut pas non plus que je la compromette.
Si les Austrasiens sont désorientés,
Il s'en faut bien pourtant qu'ils soient déjà domptés.

Ils sont tous fort jaloux de leur indépendance;
Il faut donc qu'envers eux j'agisse avec prudence,
Que je sache échapper à leur aversion
Et fasse même aimer ma domination;
Car, en entreprenant de leur faire la guerre,
A les soumettre à moi je ne parviendrais guère.
Aussitôt qu'ils auraient invoqué leur secours,
Des tribus d'outre-Rhin ils auraient le concours.
Conduits par Sighebert, vous savez quels ravages
Ont déjà fait chez nous leurs contingents sauvages.
Ils ont pour eux la force, et la lutte contre eux
Ne pourrait engendrer de résultats heureux.
Il faut, tout en voulant suivre ma fantaisie,
Que je ne blesse plus les leudes d'Austrasie.
Je les ai consternés en atteignant leur roi;
Il ne faut plus qu'ils soient mécontentés par moi.
Pourtant, de quelqu'effet que leur mort soit suivie,
A mes deux prisonniers je veux ôter la vie.
Je dois donc me servir pour cela de moyens
Qui puissent être admis par les Austrasiens,
Et, pour rendre, en un mot, mon projet salutaire,
D'un meurtre lui pouvoir ôter le caractère.
Quand on fait, dans le fond d'une obscure prison,
Agir contre un captif le fer ou le poison,
Et quand, pour se venger, on tremble et l'on se cache,

Du mal qu'on accomplit on s'inflige la tache.
Je connais l'homme, et sais par quels sots préjugés
Ses jugements souvent se trouvent dirigés :
Pour lui tout ce qu'on trame en secret, est un crime,
Et tout ce qui s'opère au jour, est légitime.
Il croit que l'on ne songe à cacher ce qu'on fait
Que lorsqu'on se dispose à commettre un forfait.
Celui qui, pour sévir, a recours à l'audace,
Et qui, bravant des lois l'impuissante menace,
Prend de ses actions les hommes pour témoins,
Quoique aussi criminel, à leurs yeux l'est bien moins.
Je veux, tirant parti de cette erreur vulgaire
Qui pourra m'épargner une nouvelle guerre,
Ne pas faire périr Brunehilde et son fils
Dans l'ombre du palais où je les ai surpris,
Mais demain faire abattre, en suivant ma tactique,
Leurs têtes au grand jour de la place publique.
Toutefois il me faut l'assentiment du roi.

GODIN.

Vous le verrez céder sans peine à votre loi;
Auprès de vous d'ailleurs il va bientôt se rendre,
Et vous allez pouvoir avec lui vous entendre.
Mais, madame, aujourd'hui, puisque de vos projets
Vous m'avez bien voulu dévoiler les secrets,
Souffrez, si je le puis, que je vous sois utile.

Veuillez me confier quelqu'œuvre difficile,
Exprimez vos désirs, parlez, et vous verrez
Comment j'accomplirai ce que vous m'enjoindrez.
FRÉDÉGONDE.
Je vous vois trop heureux de m'offrir vos services
Pour ne pas accepter, Godin, vos bons offices,
Et, puisque vous montrez tant de zèle pour moi,
Je vais vous assigner sur-le-champ votre emploi :
Mérovée est, je crois, épris de ma captive ;
Il va, poussé par elle à cette tentative,
Essayer d'arracher son enfant de mes mains.
Employez-vous à faire avorter ses desseins ;
De ses intentions soyez bon interprète,
Et si vous découvrez quelque intrigue secrète,
Sans perdre un seul instant, revenez m'informer
De ce qu'en l'épiant vous l'aurez vu tramer.
GODIN.
A remplir ce mandat je mettrai tout mon zèle,
Et vous pourrez juger si je vous suis fidèle.
FRÉDÉGONDE.
Auprès de Brunehilde allez donc de ma part,
Dites-lui de venir me parler sans retard,
Et, sans prêter l'oreille aux plaintes maternelles,
En enfermant son fils dans l'une des tourelles,
Déjouez tout plan fait pour son évasion.

GODIN.

Je cours exécuter votre prescription.

SCÈNE IV

FRÉDÉGONDE, seule.

Je vais donc recueillir le fruit de tant de peine
Et satisfaire enfin mon implacable haine!

SCÈNE V

FRÉDÉGONDE, CHILPÉRIC.

FRÉDÉGONDE.
Soyez le bienvenu; déjà depuis longtemps,
Pour causer avec vous, seigneur, je vous attends.
J'aurais à vous parler du jeune Mérovée
Qui se trouvait ici lors de mon arrivée.
Mais des affronts sanglants qu'il m'a fait endurer
Je ne puis, à cette heure, avec vous conférer.
Une affaire plus grave occupe ma pensée.
Pour moi votre bonté ne s'est jamais lassée;
Puis-je encore espérer qu'elle va m'accorder
Ce qu'aujourd'hui je vais oser lui demander?

CHILPÉRIC.
Pour vous plaire, madame, après tant de services,

Je ne peux reculer devant nuls sacrifices.
Parlez donc, dites-moi quel est votre désir;
A le suivre en tout point je mettrai mon plaisir.

FRÉDÉGONDE.

Puisque vous paraissez prêt à me satisfaire,
Je vous demanderai que vous me laissiez faire
Exécuter demain, tous deux en même temps,
Brunehilde et son fils, aux yeux des habitants.
Je ne veux pas ainsi servir ma fantaisie,
Je veux vous assurer le trône d'Austrasie.

CHILPÉRIC.

Je ne m'explique pas que, pour me l'assurer,
Vous en soyez ainsi venue à désirer
De nos deux prisonniers rendre la mort publique:
Mais je vous sais, madame, habile en politique.
Aussi, sur vos projets plein de sécurité,
Vous permets-je d'agir en toute liberté.

FRÉDÉGONDE.

Souffrez, puisqu'à mes vœux c'est là votre réponse,
Qu'à votre belle-sœur sur-le-champ je l'annonce.

CHILPÉRIC.

Sur ce point vous pouvez encor vous contenter;
Contre une femme en pleurs il me faudrait lutter:
J'aime mieux vous laisser seule avec Brunehilde.

SCÈNE VI

FRÉDÉGONDE, seule.

Je te tiens donc enfin, fille d'Athanagilde ;
Pour t'enfuir tu ferais des efforts superflus.
A cette heure demain tu n'existeras plus,
Et j'aurai déjà vu ton orgueilleuse tête
Rouler sur le billot que je veux qu'on t'apprête.

SCÈNE VII

FRÉDÉGONDE, BRUNEHILDE.

FRÉDÉGONDE.
Vous arrivez fort bien, madame ; car j'allais,
Pour vous y rencontrer, parcourir ce palais,
Pensant qu'il vous devait coûter de vous soumettre
A l'ordre qu'on a dû, de ma part, vous transmettre.

BRUNEHILDE.
Vous m'avez, il est vrai, par Godin fait savoir,
Madame, qu'en ce lieu vous désiriez me voir.
Si je ne m'y suis pas au même instant rendue,
Daignez le pardonner à mon âme éperdue.
J'avais jusqu'à présent accepté mon malheur ;
Mais, quand, pour mettre enfin le comble à ma douleur,

J'ai vu Godin m'ôter le seul bien qui me reste,
J'ai fléchi sous le poids d'un destin si funeste.
        FRÉDÉGONDE.
Cette excuse, madame, est oiseuse entre nous :
Il vous était permis de m'attendre chez vous.
Mais, devant les effets de votre propre ouvrage,
Je vous trouve vraiment un bien faible courage ;
Vous ne savez pas bien subir votre destin.
J'ai naguère été près d'une pareille fin :
Dans les murs de Tournay par vos soldats cernée,
Quand je semblais du ciel lui-même abandonnée,
Devant le grand péril qui menaçait mes jours,
Aux larmes comme vous je n'ai pas eu recours.
Nous devions succomber, madame, l'une ou l'autre ;
Mon adresse pouvait triompher de la vôtre,
Et dès lors vous deviez, dans cette lutte à mort,
Vous mieux mettre en état d'accepter votre sort.
Quant à moi, si j'entends user de ma victoire,
Je tiens en même temps à ménager ma gloire :
Je consens, puisque nul ne peut vous secourir,
A vous laisser le temps de songer à mourir.
Mais, sitôt que demain l'astre qui nous éclaire
Aura versé sur nous sa clarté tutélaire,
Votre enfant et vous-même irez hors de ce lieu
Rendre publiquement vos deux âmes à Dieu.

BRUNEHILDE.

Disposez de ma vie, ordonnez mon supplice ;
Vous le pouvez, madame, avec toute justice.
Je vous ai fait la guerre avec acharnement,
Déchaînez contre moi votre ressentiment ;
Mais de mon pauvre fils n'oubliez pas l'enfance.
Vous n'avez pas de lui reçu la moindre offense ;
Ayez pour sa faiblesse au moins quelque pitié.
Il ne doit pas souffrir de notre inimitié ;
C'est moi seule autrefois qui fus votre ennemie ;
C'est donc moi seule aussi qui dois être punie.

FRÉDÉGONDE.

C'est vous moquer de moi, madame, en vérité,
Que de me supposer tant de simplicité.
Comment ! Quand votre fils est sous ma dépendance,
Vous pensez que je vais commettre l'imprudence
De le laisser d'ici fuir par compassion,
Et cela, pour servir ma réputation ?
Ne me faudrait-il pas avoir la courtoisie
De lui remettre aussi le trône d'Austrasie ?

BRUNEHILDE.

Je ne réclame pas pour lui la liberté.
Retenez-le captif pour votre sûreté ;
Mais, madame, du moins permettez que la vie,
Puisqu'il est innocent, ne lui soit pas ravie.

FRÉDÉGONDE.

Ne vous épuisez point en discours superflus,
Madame ; c'est assez, je ne vous entends plus.
Vous savez votre arrêt, il est inéluctable.
Toutefois recevez ce conseil charitable :
Le fils de Chilpéric va, je n'en doute pas,
Vouloir vous dérober l'un et l'autre au trépas :
S'il ne vous convient pas qu'avec vous il périsse.
Vous devez refuser ses offres de service ;
Autrement il serait par son zèle obstiné
Conduit à l'échafaud qui vous est destiné.
Adieu ; songez-y bien, vous ne vivrez encore
Que jusques au lever de la prochaine aurore.

BRUNEHILDE.

Je me résigne à tout, j'accepte le trépas ;
Mais grâce pour mon fils !...

SCÈNE VIII

BRUNEHILDE, seule.

Elle ne m'entend pas !
Pour que sa cruauté soit enfin assouvie,
Il ne lui suffit pas de m'arracher la vie ;
Il faut qu'en menaçant mon fils du même sort,
Elle m'abreuve encore de fiel avant ma mort.

Pour voir mon infortune à ce point aggravée,
Que t'ai-je fait, mon Dieu?

SCÈNE IX

BRUNEHILDE, MÉROVÉE.

BRUNEHILDE.

                Sauvez-moi, Mérovée;
Daignez dans mon malheur me tendre encor la main:
Avec mon pauvre enfant je dois périr demain;
Vous êtes désormais mon unique espérance!...

MÉROVÉE.

Ne désespérez pas de votre délivrance:
Pour Childebert et vous comptez sur mon appui.
Chilpéric est ici; j'aurai recours à lui,
Et, si je vois qu'il est sans pitié pour vos larmes,
Sans craindre son courroux, j'emploirai d'autres armes.

ACTE TROISIÈME

SCÈNE PREMIÈRE
CHILPÉRIC, MÉROVÉE.
CHILPÉRIC.
Vous venez à propos; pour vous réprimander,
Sans plus tarder j'allais vous faire demander.
Vous mériteriez bien, mon fils, que votre père
Vous infligeât sur l'heure un châtiment sévère :
Quoi! le joug paternel vous semble donc bien lourd.
Qu'à la voix du devoir vous osiez rester sourd?
Je suis fort étonné d'une telle conduite.
Sans qu'on s'attende à rien, vous vous mettez en fuite.
Vous accourez tout seul ici, pour m'enlever
Des captifs qu'il me faut à tout prix conserver,
Et furieux de voir que votre tentative
N'a pas été pour eux suffisamment hâtive,
Sans craindre mon courroux, vous osez insulter
Celle qui, par ses soins, l'a su faire avorter.
J'espérais être mieux payé de ma tendresse,
Et ne vous croyais pas une âme si traîtresse.

MÉROVÉE.

Pour juger votre fils sans partialité,
Il vous faudrait, mon père, être moins irrité.
De moi, je le sais bien, vous avez à vous plaindre :
Quand je vous ai quitté, j'aurais dû ne rien feindre,
Et, confiant en vous, oser vous découvrir
Le but qui me faisait à Paris accourir.
Mais, puisque mon dessein n'était pas condamnable,
De vous l'avoir caché je suis bien pardonnable.
Comme à l'exécuter j'étais bien résolu,
J'aimais mieux ignorer s'il vous avait déplu,
Et ne pas me trouver dans la dure contrainte
De vous donner encor d'autres sujets de plainte.
Mon père, maintenant vous connaissez mon but :
Je veux de Brunehilde assurer le salut.
Ce but, qui de vous fuir m'a fait prendre la peine,
Est encore celui qui vers vous me ramène.
Oui, pour elle aujourd'hui je viens vous demander
Un pardon qu'il vous est facile d'accorder.
Sur elle, en ce moment, trop de douleur s'amasse
Pour que vous refusiez de lui donner sa grâce.
Du faîte des grandeurs le destin inconstant
Dans l'abîme l'a fait tomber en un instant ;
Son glorieux époux, fameux par ses victoires,
Ses triomphes, soudain devenus illusoires,

Tous les peuples soumis à son autorité,
Son trône, auquel le vôtre allait être ajouté,
Ses merveilleux trésors, son immense puissance
Et de sa liberté même la jouissance,
Tout a sombré pour elle, il ne lui reste rien,
Et dans sa catastrophe elle n'a d'autre bien
Qu'un enfant innocent, que Frédégonde espère
Faire demain matin périr avec sa mère.
D'un seul mot vous pouvez tous deux les secourir;
Pour ces infortunés laissez-vous attendrir,
Et ne permettez pas, mon père, que la vie
Après tant de malheurs leur soit encor ravie.

CHILPÉRIC.

Vraiment c'est trop d'audace et de témérité.
Ce n'est donc pas assez que d'avoir inventé
Pour me les dérober un premier stratagème;
Vous voulez vous servir de moi contre moi-même.
Sans plus tarder sortez, et surtout en ces lieux
Cessez dorénavant de paraître à mes yeux.

MÉROVÉE.

Mais, mon père, écoutez un fils qui vous implore.

CHILPÉRIC.

Sortez, sans m'obliger à vous le dire encore,
Sortez, et désormais, mon fils, n'essayez pas
De faire à mes captifs éviter le trépas;

Car, si vous voulez faire un nouveau coup de tête,
Vous irez partager le sort qu'on leur apprête.

MÉROVÉE.

Pourquoi les mettre à mort?

CHILPÉRIC.

C'en est trop.

MÉROVÉE.

Mais aussi...

CHILPÉRIC.

Dois-je employer la force à vous chasser d'ici?

SCÈNE II

CHILPÉRIC, seul.

L'impudent! Aucun frein n'arrête sa furie;
Son père, il le trahit; la reine, il l'injurie;
Et puis, quand je m'apprête à le réprimander,
Pour Brunehilde il ose encore intercéder.
Non, à tant d'impudeur je n'aurais pu m'attendre.

SCÈNE III

CHILPÉRIC, BRUNEHILDE.

BRUNEHILDE.

Qu'ai-je entendu, mon frère, et que viens-je d'apprendre?
Quoi! vous refuseriez, vous aussi, d'exaucer
Les prières qu'un fils vient de vous adresser?

A tant d'adversités vous seriez insensible?
Non, vous n'y songez pas, cela n'est pas possible.

CHILPÉRIC.

Qui donc vous a permis de pénétrer ici?
De quel droit venez-vous m'importuner ainsi,
Madame?

BRUNEHILDE.

De quel droit? Du droit qu'a l'infortune
De se faire écouter, quand même elle importune;
Du droit qu'une mère a, quand on lui prend son fils,
D'aller le demander à celui qui l'a pris.
Rendez-le-moi, mon frère, et laissez-lui la vie;
C'est un bien qui ne peut exciter votre envie.
Pourquoi vouloir ainsi l'en priver aujourd'hui?
Que vous a-t-il donc fait? Que craignez-vous de lui?
Encore, s'il avait le trône de son père,
Je pourrais m'expliquer que sa mort vous fût chère.
Mais que convoitez-vous, lorsque vous savez bien
Qu'à cette injuste mort vous ne gagnerez rien?
De son père égorgé vous avez l'héritage;
De ses biens vous pouvez jouir sans nul partage;
Par le droit du plus fort ils vous sont dévolus,
Childebert vous les laisse et je n'y prétends plus.
Que voulez-vous encore? Il me reste la vie;

Désirez-vous aussi qu'elle me soit ravie ?
Prenez-la ; mais au moins laissez vivre mon fils.
CHILPÉRIC.
En vain vous espérez m'émouvoir par vos cris ;
Vous m'avez attaqué, je reprends l'offensive,
Et, lorsque le destin vous a fait ma captive,
Je me garderais bien d'être assez maladroit
Pour ne pas contre vous me servir de mon droit.
Il faut que du vaincu le vainqueur se délivre ;
C'est moi qui suis vainqueur : à la mort je vous livre ;
Et quant à Childebert, sans l'avoir mérité,
Il aura votre sort, pour ma sécurité.
BRUNEHILDE.
Craignez-vous que mon fils contre vous ne conspire,
Et de son père un jour ne vous ôte l'empire ?
Surveillez-le de près, retenez-le captif ;
Mais ne le faites pas mourir sans nul motif.
Aujourd'hui, comme étant l'enfant de votre frère,
Il devrait retrouver en vous un second père.
Je ne réclame pas de vous tant de bonté ;
Ne vous souvenez pas de votre parenté ;
Mais ne redoublez pas le malheur qui m'assiège
Et ne commettez pas un double sacrilège,
En ordonnant la mort de cet être innocent,
Dans les veines duquel circule votre sang.

CHILPÉRIC.

Je ne puis vous donner davantage audience,
Madame; vous avez lassé ma patience.
Childebert doit périr, et, dans mon intérêt,
Je ne dois rien changer à ce pénible arrêt.
Sa mort, plus que la vôtre encor, m'est nécessaire.
C'est un malheur pour vous; mais je n'y puis rien faire.
Veuillez vous retirer.

BRUNEHILDE.

Que vous êtes cruel !

SCÈNE IV

CHILPÉRIC, seul.

Je sentais en moi-même un embarras mortel;
J'ai failli me trahir et montrer ma faiblesse;
Mais elle n'a pas vu le trouble qui m'oppresse.
Elle veut que j'évite à son fils le trépas;
Mais quand je le voudrais, je ne le pourrais pas.
A se venger sur eux Frédégonde s'obstine,
Et sa haine implacable à la mort les destine.
Pourtant, de ces captifs auxquels elle s'en prend,
L'une est mon alliée et l'autre est mon parent.
Tous les plaignent, à tous ils semblent des victimes;
Et moi, qu'on voit de plus en plus chargé de crimes,

On me maudit tout bas et tout bas on gémit
De sentir qu'en mes mains mon sceptre s'affermit.
Quand déjà, j'en rougis, chacun me considère
Comme le meurtrier d'une épouse et d'un frère,
Dois-je, en faisant périr Brunehilde et son fils,
Accumuler sur moi de plus profonds mépris,
Et cela, pour charmer une épouse perfide,
Du sang de mes parents, du mien peut-être avide?
Je saurai te plier, femme inique, à ma loi,
Et tu verras que nul ne règne ici que moi.
Quoi! c'est trop peu d'avoir fait poignarder le père!
Tu veux faire égorger le fils avec la mère!
Tu n'accompliras pas ton criminel dessein;
J'ai trop longtemps porté le surnom d'assassin...
Mais quel est le moyen de franchir cette impasse?
Comment à ma captive oser donner sa grâce?
Si je veux la sauver, sa rivale en courroux
Va peut-être sur moi faire tomber ses coups.
Que faire? A l'une il m'est impossible de plaire,
Sans m'attirer de l'autre aussitôt la colère,
Et celle dont ma femme excelle à se gonfler,
Est celle qui me fait par-dessus tout trembler.
Mais depuis trop longtemps elle me tient esclave;
Il faut que, relevant la tête, je la brave.
Je suis las de la voir sous mon nom gouverner;

A mon tour, à tout prix, j'entends la dominer,
Et ne plus désormais passer aux yeux du monde
Pour un vil instrument dont se sert Frédégonde.

Gardes, qu'à ma captive on dise, de ma part,
De venir en ce lieu me parler sans retard.

Frédégonde, gémis; ma bonté s'est lassée;
Tu ne régneras plus, ta puissance est passée.
Honteux d'avoir été trop soumis à tes lois,
Je veux de la justice entendre enfin la voix,
Je veux... Mais dans l'esprit il me vient une idée :
A l'insigne faveur que tu m'as demandée
Je veux bien, Brunehilde, accéder aujourd'hui,
Je veux bien te prêter bravement mon appui ;
Mais toute peine doit obtenir son salaire :
Si donc tu veux me voir consentir à te plaire,
Il me faut en retour un prix digne de moi.
Que pourras-tu m'offrir et qu'aurai-je de toi ?
Ton pouvoir m'appartient; tes biens, je les possède ;
Ton trône, il est à moi, c'est moi qui t'y succède,
Et tu n'as déjà plus même ta liberté ;
Mais il te reste encore un bien, c'est ta beauté.
Pour payer mes bienfaits, fais-m'en le sacrifice,
Et tu me trouveras à ta cause propice.

SCÈNE V

CHILPÉRIC, BRUNEHILDE.

BRUNEHILDE.

Mon frère, dans quel but m'appelez-vous ici ?
Pour moi vous êtes-vous de vous-même adouci ?
Par vous ne suis-je plus désormais poursuivie ?
Ah ! parlez !

CHILPÉRIC.

Je consens à vous laisser la vie.

BRUNEHILDE.

Serait-ce chose vraie, et de mon noble époux
Retrouverais-je enfin le digne frère en vous ?

CHILPÉRIC.

Oui, je veux, vous faisant cette faveur insigne,
De mon glorieux frère à vos yeux être digne.
Mais avant de me faire aucun remercîment,
Écoutez-moi, madame, un instant seulement.
Vous connaissez l'état où vous êtes réduite :
Votre grande puissance est maintenant détruite ;
Tout ce qui fut à vous m'est sans réserve acquis ;
Votre trône est le mien, où vous étiez je suis ;

Si vous vivez encor, c'est grâce à ma faiblesse;
Il ne vous reste plus que ce que je vous laisse.
Quoique ayant eu d'abord une autre intention,
Je veux prendre en pitié votre position;
Je vous l'ai déjà dit, je vous laisse la vie;
De vous la dérober, je n'ai plus nulle envie;
J'ai compris qu'il serait cruel de vous l'ôter.
Mais à cette faveur je n'entends pas rester,
Je veux avoir pour vous plus de condescendance;
Je vous rends vos trésors et votre indépendance,
Je vous rends votre sceptre et vos riches palais,
Je vous rends votre fils,... et, pour tant de bienfaits,
Je ne demande rien qu'une légère grâce.....

BRUNEHILDE.

Mon frère, expliquez-vous; que faut-il que je fasse?

CHILPÉRIC.

Il vous faut consentir à prendre dans mon lit
La place, qu'aujourd'hui Frédégonde y remplit.

BRUNEHILDE.

Ah! quel pacte odieux!

CHILPÉRIC.

               Sachez-le, je vous aime
Et veux sur votre front poser son diadème.

BRUNEHILDE.

Non, vous n'y songez pas; vous voulez m'éprouver?

CHILPÉRIC.

Non, car je ne veux pas seulement vous sauver ;
J'aspire encore à l'heure, où, pour venger ma honte,
Je pourrai châtier la femme qui m'affronte,
Vous donner son pouvoir et son titre et son rang,
Et vous faire combler des honneurs qu'on lui rend.

BRUNEHILDE.

Ne vous suffit-il pas qu'au supplice on me livre ?
Jusqu'au dernier moment voulez-vous me poursuivre ?
Pourquoi me torturer sans cesse ? Oubliez-vous
Qu'une double barrière est dressée entre nous,
Que Sighebert s'oppose à ce vœu téméraire,
Que je fus son épouse et qu'il fut votre frère,
Et qu'enfin à ma sœur l'hymen vous a lié ?
Mon frère, l'avez-vous par hasard oublié ?

CHILPÉRIC.

En m'offrant de vos pleurs le fatigant spectacle,
En vain à mes désirs vous pensez mettre obstacle :
Entre les deux partis que je vous ai laissés,
Sans me faire languir, maintenant choisissez.
Si, comme ma bonté fait que je l'appréhende,
Vous ne m'accordez pas ce que je vous demande,
Vous devez bien prévoir quel sera votre sort :
J'enverrai Childebert avec vous à la mort.
Mais, si vous écoutez ce que je vous conseille,

Je vous rendrai, madame, une grandeur pareille
A celle dont mon frère a failli vous doter.
Tandis qu'il en est temps, hâtez-vous d'accepter;
De vos scrupules vains écartez le fantôme,
Et vous pourrez régner sur un double royaume.
Votre fils, qui n'est plus aujourd'hui qu'un captif,
Deviendra de mon trône héritier présomptif;
Il ne tiendra qu'à vous d'assurer la vengeance
Par vous en vain cherchée avec tant de constance;
Je mettrai Frédégonde à son tour dans vos mains,
Et vous pourrez contre elle accomplir vos desseins.
Mais il faut qu'à l'instant votre cœur se prononce;
Répondez, en songeant avant toute réponse,
Que pour ma sûreté, si j'essuie un refus,
Dans une heure au plus tard vous n'existerez plus.

BRUNEHILDE.

Mon frère, à mes revers soyez moins insensible,
Et, puisque vos désirs n'ont rien qui soit possible,
Ne vous obstinez pas à vouloir violer
Des lois qu'aucun mortel aux pieds ne doit fouler.
Quoique mon époux dorme en la nuit éternelle,
A mon premier amour je dois rester fidèle,
Et, puisque votre vœu ne peut s'exécuter,
Près de moi consentez à n'y plus persister.
S'il est vrai que l'aspect des larmes d'une femme,

Au lieu de faire entrer la pitié dans votre âme,
Vous inspire un amour que vous devez haïr,
A votre passion gardez-vous d'obéir ;
Éloignez-moi de vous, et, pour la faire taire,
Dans le fond d'un pays lointain et solitaire,
Dans une ile inconnue au reste des humains,
Avec mon pauvre fils remis entre mes mains,
Envoyez une femme à qui d'amères larmes
Ont enlevé déjà la moitié de ses charmes,
Et que, malgré l'amour qui semble vous lier,
Sans doute il vous sera facile d'oublier.

(Elle se jette à ses pieds.)

Veuve de votre frère et sœur de votre femme,
J'ai droit à la faveur que de vous je réclame.

SCÈNE VI

Les Mêmes, FRÉDÉGONDE.

FRÉDÉGONDE.

Cette femme à vos pieds! Que veut dire ceci ?
Pourquoi la laissez-vous vous supplier ainsi ?

CHILPÉRIC.

Calmez-vous ; je n'ai pas exaucé sa prière,
Et ma décision est demeurée entière.

FRÉDÉGONDE, à Brunehilde.

Vous entendez; veuillez dans votre appartement
Vous rendre, en attendant votre dernier moment.

BRUNEHILDE, à Frédégonde.

Oui, je vous obéis; aussi bien ma faiblesse
M'avertit qu'il est temps qu'ensemble je vous laisse.

SCÈNE VII

CHILPÉRIC, FRÉDÉGONDE.

FRÉDÉGONDE, à part.

Chilpéric est troublé, je le vois dans ses traits;
Brunehilde l'a dû gagner par ses attraits.
Oh! je saurai bientôt si de moi l'on se joue.

(A Chilpéric.)

Pourquoi l'écoutiez-vous?

CHILPÉRIC.

                  J'avais tort, je l'avoue;
Mais avec tant d'instance elle m'a supplié
Que, contre mon désir, à la fin j'ai plié.
Elle devait mourir; je ne pouvais donc guère
Refuser à ses pleurs cette faveur légère.
Mais soyez rassurée, ils n'ont rien obtenu,
Et son arrêt de mort est toujours maintenu.
Et cependant je dois en convenir, madame,

Elle a fait tant d'efforts pour attendrir mon âme,
Pour échapper au sort dont nous la menaçons
Elle a fait devant moi valoir tant de raisons,
Que, quoique j'eusse été devant elle impassible,
De l'éconduire il m'eût été presque impossible.
Par un heureux hasard, que je n'espérais pas,
Votre intervention m'a tiré d'embarras.
Ici permettez-moi de vous en rendre grâce.
FRÉDÉGONDE.
Votre condescendance à mon tour m'embarrasse.
Quand vous auriez pourtant sujet d'être irrité,
Vous vous montrez encor pour moi plein de bonté.
Il est vrai que, si j'ai témoigné quelques craintes,
Elles s'expliquent bien en présence des plaintes,
Que, pour faire tomber votre juste courroux,
Brunehilde faisait entendre à vos genoux :
Je devais redouter, sachant quelle est votre âme,
Que vous n'eussiez été fléchi par cette femme.
CHILPÉRIC.
Quand je ne songe pas même à vous accuser,
Pourquoi donc, Frédégonde, ainsi vous excuser?
Je vous connais trop bien pour vous croire capable
De concevoir sur moi quelque soupçon coupable.
Demeurez donc sans crainte, et laissez-moi de près,
Pour hâter le supplice, en suivre les apprêts.

FRÉDÉGONDE.
C'est sagement parler.

SCÈNE VIII

FRÉDÉGONDE, seule.

Malgré toutes tes ruses,
Chilpéric, je saurai bientôt si tu m'abuses.
Tu ne dois plus m'aimer, tu dois être lassé
Des charmes qui pourtant t'avaient bien enlacé.
Mais, si tu veux, pour être incestueux sans crainte,
Procéder envers moi comme envers Galeswinthe,
Malheur à toi ! Le fer, dont j'armerai ma main,
T'ôtera le pouvoir d'accomplir ton dessein.

SCÈNE IX

FRÉDÉGONDE, GODIN.

FRÉDÉGONDE.
Vous m'avez aujourd'hui proposé votre office ;
Êtes-vous prêt encore à me rendre service ?
GODIN.
Madame, je n'ai point changé de sentiment,
Et de vous obéir j'attends l'heureux moment.

FRÉDÉGONDE.

Eh bien ! exécutez ce que je vais vous dire :
Un doute en ce moment m'étreint et me déchire ;
Vous savez qu'inconstant dans ses affections,
Chilpéric a toujours suivi ses passions ;
Que deux femmes, après qu'il les eut épousées,
Presque aussitôt par lui se virent méprisées ;
Qu'il oublia leur rang, que le bandeau royal
Ne les préserva pas de son instinct brutal ;
Que, cherchant un appui contre son caractère,
L'une s'est confinée au fond d'un monastère ;
Que l'autre, prévoyant moins clairement son sort,
Reçut dans son palais, par son ordre, la mort,
Et que moi-même, enfin, je ne garde ma place
Qu'à force d'artifice et qu'à force d'audace.
Je crois avoir sujet aujourd'hui de penser
Que mon joug trop pesant commence à le lasser,
Et qu'il a maintenant plus que jamais l'envie
De me répudier ou de m'ôter la vie.
Brunehilde, voulant échapper à son sort,
Sur lui vient de tenter un vigoureux effort ;
Tout à l'heure en ce lieu, quand je suis arrivée,
Je l'ai, les yeux en pleurs, à ses genoux trouvée.
Chilpéric, par son trouble, aisément laissait voir
Combien elle avait eu le don de l'émouvoir.

Écoutez, je me fie à vous plus qu'à personne :
Je crois qu'il veut me perdre; au moins je l'en soupçonne.
Je voudrais donc savoir ce qu'il me faut penser
De l'entretien qu'il a devant moi fait cesser,
Ce qui s'est pu tramer au cours de l'entrevue
Et d'où vient le malaise où l'a plongé ma vue.
Et pour cela, Godin, je ne vois qu'un moyen,
Qui pourra réussir, si vous l'employez bien :
Sur-le-champ rendez-vous auprès de ma captive,
Et persuadez-la que, seulement fictive,
Votre défection n'était en vérité
Que, pour mieux la défendre, un détour inventé.

GODIN.

La veille de sa mort abuser une femme !
Me charger de cette œuvre ! Y pensez-vous, madame ?

FRÉDÉGONDE.

Vous oubliez, Godin, que vous m'avez promis
De vous unir à moi contre mes ennemis.

GODIN.

J'ignorais, en venant vous offrir mes services,
Que vous les emploîriez à de pareils offices.

FRÉDÉGONDE.

N'importe, obéissez, et je m'en souviendrai.

GODIN.

Eh bien ! puisqu'il le faut, je vous obéirai.

FRÉDÉGONDE.

Brunehilde voudra votre serment sans doute ;
Vous la satisferez, même s'il vous en coûte.
Elle ne pourra plus dès lors vous cacher rien
De ce qu'a dit le roi pendant leur entretien,
Et, dès qu'à quelque aveu vous l'aurez pu conduire,
Vous vous empresserez de me le reproduire.
Remplissez cette tâche avec habileté,
Et vous éprouverez ma générosité.

SCÈNE X

GODIN, seul.

N'hésite pas, Godin, la fortune t'appelle ;
Elle te tend les bras, ne lui sois point rebelle.
Écoute Frédégonde, et bannis les remords ;
Sa faveur t'a déjà valu de grands trésors :
Si tu peux découvrir quelques sourdes menées,
Qui sait jusqu'où pourront monter tes destinées ?
Marche donc sans faiblesse, et, sans perdre un moment,
L'œil fixé sur le but, avance hardiment.

ACTE QUATRIÈME

SCÈNE PREMIÈRE

BRUNEHILDE, ROSAMONDE.

ROSAMONDE.
Pourquoi de Chilpéric me taire le langage ?
Votre sombre silence abat tout mon courage.
BRUNEHILDE.
Je ne puis rien te dire.
ROSAMONDE.
        Eh quoi ! Godin ici !

SCÈNE II

Les Mêmes, GODIN.

BRUNEHILDE.
Que vois-je ? C'est bien vous, Godin ? Quoi ! c'est ainsi
Que vous abandonnez, quand elle est malheureuse,
Celle qui fut toujours pour vous si généreuse !

GODIN.

Comment avez-vous pu me supposer un cœur
Assez vil pour vous fuir et passer au vainqueur.
Comme au premier abord j'ai pu vous le paraître,
Madame, croyez-m'en, je ne suis pas un traître.
Dans tout ce que j'ai fait jusques à ce moment
Je n'ai rien écouté que mon seul dévoûment.
Quand votre époux reçut une mort si fatale
De la main des bourreaux qu'arma votre rivale,
Je n'eus qu'un seul désir, celui de vous sauver.
Ne pouvant autrement jusqu'à vous arriver,
J'ai feint de vous trahir pour servir votre cause.

BRUNEHILDE, à part.

Ciel! faut-il que sur lui mon âme se repose?
Par elle ce secours doit-il être accepté?
(A Godin.)
Godin, me parlez-vous avec sincérité?

ROSAMONDE.

Méfiez-vous de lui.

GODIN, à Rosamonde.

    Que prétendez-vous dire?

BRUNEHILDE, à Rosamonde.

D'où viennent, dis-le-moi, les soupçons qu'il t'inspire?

ROSAMONDE.

Je n'ai pour me guider que mon pressentiment.

BRUNEHILDE.
Éclairez-moi, mon Dieu, dans ce cruel moment!

GODIN, à Brunehilde.
Madame, je vous suis toujours resté fidèle :
Pourquoi donc voulez-vous que mon zèle chancelle,
Lorsque l'adversité, qui vous porte ses coups,
M'oblige à m'attacher plus fermement à vous?

BRUNEHILDE.
Je ne sais pas, Godin, si vous êtes sincère;
C'est l'avenir, qui seul m'ouvrira ce mystère;
Mais, si vous me trompez, vous êtes bien pervers.

GODIN.
Non, je n'insulte point à vos touchants revers.
Faut-il vous le jurer?

BRUNEHILDE.
   Oui.

GODIN.
      Soit: je vous le jure!

BRUNEHILDE.
Puisqu'il en est ainsi, je vous crois sans mesure;
Mais sachez bien, Godin, que, si perfidement
Vous avez pour me perdre émis un faux serment,
Vous aurez dans le ciel un juge inexorable
Qui saura châtier votre ruse exécrable.

4.

GODIN.

Je n'ai pas à savoir quel est le châtiment
Dont le ciel doit frapper celui qui jure et ment;
Car je n'ai pas commis un aussi honteux crime.

BRUNEHILDE.

Alors, puisque pour moi tant d'ardeur vous anime,
Agissez promptement; car dans quelques instants
Peut-être, je le crains, ne sera-t-il plus temps.

GODIN.

Je suis tout prêt, parlez. Dois-je pour sa captive
Auprès de Chilpéric faire une tentative?

BRUNEHILDE.

Ne mettez pas en œuvre un semblable moyen,
Et, sans songer à moi pour qui nul ne peut rien,
Cherchez pour mon enfant un autre stratagème.

GODIN.

Pourquoi douter ainsi du roi?

BRUNEHILDE.

C'est que moi-même
Par mes larmes de lui je n'ai rien obtenu,
Rien qu'un affront qui m'a montré son cœur à nu.

GODIN.

Quel affront!

BRUNEHILDE.

Par pudeur il faut que je le cache.

GODIN.

Qu'a-t-il fait? Qu'a-t-il dit? Il faut que je le sache.

BRUNEHILDE.

Ah! ne m'obligez pas à vous le dévoiler.

GODIN.

Votre intérêt vous force à me le révéler.

BRUNEHILDE.

Vous le voulez, Godin? Vous êtes inflexible?

GODIN.

Il le faut; autrement il est bien impossible,
Vous devez le sentir, que je puisse savoir
Quelles armes auront sur lui quelque pouvoir.

BRUNEHILDE.

Puisque vous m'astreignez à ce nouveau martyre,
Puisqu'il le faut enfin, je m'en vais vous le dire :
Le roi m'a fait subir un outrage éclatant :
Il m'a dit que, pour fuir le trépas qui m'attend,
Je devais accepter la honte, sans seconde,
De prendre près de lui le rang de Frédégonde.

GODIN.

Se peut-il?

BRUNEHILDE.

Je n'ai plus rien à vous découvrir;
Pour moi ne tentez rien et laissez-moi mourir;
En vain de me sauver vous nourririez l'idée;

Les instants sont trop courts, je suis trop bien gardée,
Pour que vous parveniez à me tirer d'ici ;
Ne songez qu'à mon fils.

GODIN.

C'est bien. (A part.) J'ai réussi.

SCÈNE III

Les Mêmes, MÉROVÉE.

MÉROVÉE, à Brunehilde.

Quoi ! sans vous indigner, vous souffrez que ce traître
Vienne de vos malheurs à vos yeux se repaître,
Et vous ne craignez pas de vous fier à lui ?
(A Godin.)
Et toi, quand tu devrais lui prêter on appui,
De ton roi c'est ainsi que tu défends la veuve ?

ROSAMONDE.

Je l'avais pressenti.

BRUNEHILDE.

C'est ma dernière épreuve !

GODIN.

Si je n'avais pitié de toi, jeune imprudent,
Je te ferais payer ton langage impudent.

MÉROVÉE.
Tu voudrais m'imposer en vain par ton audace;
Tu n'y gagneras rien, je crains peu ta menace.
GODIN.
Dans ton propre intérêt prends garde que lassé
Je ne me venge avant de t'avoir menacé.
MÉROVÉE.
Je te le dis, tu n'es qu'un traître!
GODIN.
       Je le nie.
MÉROVÉE.
Tu mérites ce nom.
GODIN.
    C'est de la calomnie.
MÉROVÉE.
Lorsqu'un homme est pervers au point d'abandonner
Celui qui de bienfaits vient de l'environner,
Et lorsque, non content de délaisser la cause
De celui qui de rien l'avait fait quelque chose,
Il se vend au vainqueur sans hésitation,
Et reçoit en paiment de sa désertion
Une part du butin qu'on a pris à son maître,
Cet homme n'est-il pas pire encore qu'un traître?
BRUNEHILDE, à Godin.
Vous ne répondez rien?

GODIN.
Eh bien! c'est entendu,
Ce nom que l'on me donne est un nom qui m'est dû,
Et, pour mieux mériter ce nom dont je m'honore,
Je vais continuer à vous trahir encore.

SCÈNE IV

BRUNEHILDE, ROSAMONDE, MÉROVÉE.

ROSAMONDE.
Tant de cynisme étonne et confond ma raison!
Non, jamais on n'a vu semblable trahison!
BRUNEHILDE.
Devant ce dernier coup ma force m'abandonne;
Il est temps qu'à la fin mon trépas le couronne.
ROSAMONDE.
Reprenez vos esprits.
MÉROVÉE.
Calmez votre douleur.
BRUNEHILDE.
La mort seule peut mettre un terme à mon malheur.
MÉROVÉE.
Du désespoir sachez ne pas subir l'empire.
BRUNEHILDE.
Prince, vous le voyez, tout contre moi conspire.

Désormais vos efforts n'auraient pour résultat
Que d'exposer vos jours sans changer mon état ;
Laissez-moi dans la mort chercher ma délivrance.
MÉROVÉE.
De vous y dérober je garde l'espérance.
BRUNEHILDE.
Vous auriez, croyez-moi, tort de la conserver.
MÉROVÉE.
Ne me reste-t-il pas la nuit pour vous sauver?
BRUNEHILDE.
Non, du roi contre moi la fureur se déchaîne :
J'aurai cessé de vivre avant l'heure prochaine.
MÉROVÉE.
Que dites-vous?
BRUNEHILDE.
    Par lui mon arrêt m'est connu.
MÉROVÉE.
Par lui? Que peut-il être entre vous survenu?
BRUNEHILDE.
Sans me contraindre assez, je me suis révoltée
Contre la volonté qu'il m'a manifestée.
MÉROVÉE.
Mais que voulait-il donc?
BRUNEHILDE.
      Il voulait... m'épouser!

Et, comme à son désir il m'a vu m'opposer,
Et qu'à lui résister je suis encore prête,
Dans moins d'une heure il va faire tomber ma tête.
MÉROVÉE.
Pour mettre enfin le comble à son iniquité,
Il ne lui manquait plus que cette lâcheté.
Mais il n'osera pas, rassurez-vous, madame,
Prévenir contre vous les desseins de sa femme.
Pour prendre les devants, il sait trop que de vous
Sans cesse elle s'occupe avec un soin jaloux,
Qu'elle est comme un lion qui veille sur sa proie,
Et qu'il ne faudrait pas la troubler dans sa joie.
Repoussez donc ses vœux sans craindre et sans fléchir;
C'est le meilleur moyen de vous en affranchir.
De mon côté je vais avec l'appui céleste
Bien employer pour vous tout le temps qui nous reste.
BRUNEHILDE.
Songez uniquement au salut de mon fils;
De votre dévoûment qu'il ait seul les profits!
MÉROVÉE.
Je tiens à ce qu'il serve à tous les deux, madame.
BRUNEHILDE.
Non, oubliez l'ardeur qui pour moi vous enflamme.
MÉROVÉE.
Je veux avec les siens sauvegarder vos jours.

BRUNEHILDE.
Comment le pourrez-vous tout seul, sans nul secours?
MÉROVÉE.
Je dois vous l'avouer, je n'en sais rien encore ;
Mais Dieu m'inspirera.
BRUNEHILDE.
　　　　　　Vainement je l'implore !
A délivrer mon fils si vous réussissez,
Cher neveu, croyez-moi, ce sera bien assez.
Si vous ne voulez pas que votre belle-mère
Fasse tomber sur vous le poids de sa colère,
Il lui faut bien, afin de la dédommager
Du captif mis par vous à l'abri du danger,
Laisser une victime au moins, dont elle puisse
Ordonner et surtout aggraver le supplice.
MÉROVÉE.
Vous craignez qu'en voulant vous soustraire à la mort
Je n'aille me vouer moi-même au même sort.
Madame, je comprends votre délicatesse;
Elle trahit assez un cœur plein de noblesse.
Mais imposez silence à ces scrupules vains;
Car un double motif me guide en mes desseins.
Quand je ne serais pas animé de l'envie
Que j'ai de préserver à tout prix votre vie,
Quand je ne serais pas touché de vos ennuis,

Je marcherais encore au but que je poursuis,
Pour dérober ma race à la honte éternelle
Que mon père s'apprête à déverser sur elle.
Dans ma décision ne m'entravez donc pas,
Et, si mon entreprise amène mon trépas,
Ne vous adressez pas le plus léger reproche,
Et donnez seulement quelques larmes au proche,
Qui, jusqu'à ce qu'il soit dans la tombe endormi,
Sera toujours resté votre meilleur ami.
Mais tout n'est pas perdu : fort de ma conscience
Dont la voix rassurante accroît ma confiance,
Je pourrai, je l'espère, à moi seul surmonter
Les obstacles puissants qu'il me faut culbuter,
Et, malgré Chilpéric et malgré Frédégonde,
Vous ôter de leurs mains, si le ciel me seconde.

BRUNEHILDE.

Vous voulez donc toujours suivre votre dessein?

MÉROVÉE.

De m'en dissuader vous essayez en vain.

BRUNEHILDE.

Alors, si contre vous c'est en vain que je lutte,
Agissez sans retard ; car à chaque minute
Grandissent les dangers que vous allez courir.

MÉROVÉE.

Je m'en vais de ce pas vous sauver ou mourir.

BRUNEHILDE.
Cher Mérovée, allez et que Dieu vous bénisse!

SCÈNE V

BRUNEHILDE, ROSAMONDE.

BRUNEHILDE.
Jeune homme plein de cœur! Pour me rendre service,
Il ne redoute point d'affronter le trépas.
Au milieu des périls, mon Dieu, guidez ses pas!
Empêchez que sur lui sa bonté ne retombe.

ROSAMONDE.
Dieu ne permettra pas, madame, qu'il succombe,
Et j'ai le ferme espoir que, bientôt triomphant,
Il vous délivrera vous-même et votre enfant.

BRUNEHILDE.
En me berçant encore avec cette espérance,
Tu ne peux désormais qu'augmenter ma souffrance.
Pour pouvoir plus longtemps me faire illusion,
Je connais trop l'horreur de ma position.
Si mon cœur tout entier est avec Mérovée,
Ce n'est pas que j'espère être par lui sauvée;
Je sais trop bien qu'il n'est aucun pouvoir humain,
Qui puisse me soustraire à mon cruel destin.
Mais je désirerais qu'il ne fût pas victime

De la compassion dont mon malheur l'anime,
Et qu'en voulant pour moi faire un suprême effort,
Il ne fût pas conduit à partager mon sort.

ROSAMONDE.

N'aggravez pas vos maux par cette crainte vaine ;
Dieu le protégera, soyez-en bien certaine.

BRUNEHILDE.

De Dieu nul plus que lui ne mérite l'appui.

ROSAMONDE.

Voici le roi, madame !

BRUNEHILDE.

Ah ! ciel ! c'est déjà lui.
Je me sens défaillir ; ma force me délaisse.
Reste ici, Rosamonde, et soutiens ma faiblesse.

SCÈNE VI

Les Mêmes, CHILPÉRIC.

CHILPÉRIC.

De la réflexion le terme est excédé,
Madame ; à votre égard qu'avez-vous décidé ?
Répondez, et surtout sachez bien que vos larmes
Contre ma volonté seraient de vaines armes ;
Tous vos raisonnements que j'ai trop entendus,
Je vous en avertis, deviendraient superflus.

Je viens vous demander quelle est votre réponse,
Et j'attends que sur vous votre bouche prononce.
BRUNEHILDE.
Puisque je suis par vous contrainte de choisir,
D'opter veuillez au moins m'accorder le loisir.
Pour que je délibère et pour que je décide
Ou d'être incestueuse ou d'être infanticide,
Mon frère, vous m'avez donné trop peu de temps ;
Laissez-moi réfléchir encor quelques instants.
De votre belle-sœur exauçant la prière,
Ne lui refusez pas cette grâce dernière.
CHILPÉRIC.
Je vous le dis encore, il faut, sans plus tarder,
De votre propre sort vous-même décider.
BRUNEHILDE.
S'il n'était question que de ma propre vie,
De vous la disputer je n'aurais nulle envie.
Mais, puisque je ne puis adopter nul parti
Sans que l'effet en soit par mon fils ressenti,
Souffrez qu'une heure au moins encor je réfléchisse
Sur celui qu'il vaut mieux que pour lui je choisisse.
CHILPÉRIC.
Madame, je le veux, épargnez les instants.
Si j'écoutais ici vos plaintes plus longtemps,
Frédégonde pourrait tout à coup nous surprendre.

Il m'en coûterait cher ; vous devez donc comprendre
Que je n'attendrai pas que vos cris superflus
Veuillent bien m'octroyer un outrageant refus.

BRUNEHILDE.

Devant tant de douleur comment est-il possible
Que vous ne soyez pas un peu moins insensible ?
Et comment avez-vous assez de dureté
Pour abuser ainsi de votre autorité ?
Vous voulez que j'accède à me voir avilie,
Que par des nœuds impurs avec vous je m'allie,
Que je n'évite pas moi-même d'outrager
Ma sœur et mon époux que j'aurais dû venger,
Que, sans craindre pour moi la colère céleste,
Je commette avec vous un odieux inceste,
Et qu'illustre déjà par mon adversité
Je le sois plus encor par ma perversité !
Sinon, avec mon fils il faudra que je meure ;
Et vous ne voulez pas m'accorder même une heure !

CHILPÉRIC.

Cédez à mes désirs, ou craignez mon courroux.

BRUNEHILDE.

Je n'ai rien à vous dire.

CHILPÉRIC.

    Alors, résignez-vous.

BRUNEHILDE.

Montrez-vous sans pitié, commandez mon supplice ;
Mais épargnez mon fils.

CHILPÉRIC.

        Il faudra qu'il périsse.

BRUNEHILDE.

Mais vous ne pouvez pas tuer votre neveu !

CHILPÉRIC.

De notre parenté je m'inquiète peu.
Si vous désirez tant lui conserver la vie,
Vous pouvez éviter qu'elle lui soit ravie ;
Je vous en ai, madame, indiqué le moyen.

BRUNEHILDE.

Ah ! quelle âme avez-vous, pour n'être ému de rien ?

SCÈNE VII

Les Mêmes, FRÉDÉGONDE, SOLDATS.

FRÉDÉGONDE, à Chilpéric.

Vous voilà donc encore avec mon ennemie !
De vous jouer de moi vous avez l'infamie ;
Mais vous ne pourrez pas, c'est moi qui vous le dis,
Donner suite aux desseins que vous avez ourdis ;
Car j'en ai découvert la misérable trame.

CHILPÉRIC, à Frédégonde.
Je ne vous comprends pas.
FRÉDÉGONDE, à Brunehilde.
Et quant à vous, madame,
Puisque vous avez su ne pas participer
Aux plans que Chilpéric a faits pour me tromper,
Je veux bien envers vous agir avec justice :
Je n'avancerai pas votre prochain supplice.
BRUNEHILDE, à Frédégonde.
Est-ce là la faveur que de vous je reçois ?
De la justice ainsi comprenez-vous les lois ?
FRÉDÉGONDE.
Gardes, en ce moment montrez-moi votre zèle :
Au cachot que l'on vient de préparer pour elle
Emmenez cette femme, et, tout près embusqués,
Ayez soin, quels que soient les motifs invoqués,
De ne donner accès auprès d'elle à personne.
Si vous n'observez pas ce que je vous ordonne
Et si vous la laissez s'échapper de prison,
Vos têtes me paieront, sachez-le, sa rançon.
BRUNEHILDE, aux soldats.
Arrêtez !
(A Frédégonde.)
Tuez-moi, vous le pouvez sans crime ;
Mais tuant la coupable épargnez la victime.

De nos inimitiés mon fils est innocent ;
Il ne vous a rien fait, ne versez pas son sang.
FRÉDÉGONDE, à Brunehilde.
Vous mourrez tous les deux. Gardes, que cette femme
Disparaisse d'ici.
BRUNEHILDE.
Quelle rigueur infâme !
ROSAMONDE.
Madame, je vous suis ; si l'on vous fait périr,
En même temps que vous je veux du moins mourir.

(Les soldats emmènent Brunehilde, et Rosamonde la suit.)

ACTE CINQUIÈME

La scène, d'abord sombre, s'éclaire par degrés.

SCÈNE PREMIÈRE

BRUNEHILDE, ROSAMONDE.

BRUNEHILDE, à elle-même.

C'en est fait, le jour vient; du bourreau déjà prête
La hache va bientôt faire tomber ma tête,
Et mon bien-aimé fils, qu'atteint la même loi,
Va recevoir la mort en même temps que moi.
Par sa compassion entraîné, Mérovée
Sans doute s'est perdu, sans m'avoir préservée;
Tout au moins ses efforts ont été superflus...
Quelques instants encore et je ne vivrai plus.
S'il est vrai que je sois à mon heure dernière,
Grand Dieu, je t'en conjure, exauce ma prière :
Je crains que tout à l'heure au pied de l'échafaud
La résignation ne me fasse défaut;

Veuille donc empêcher qu'en marchant au supplice
Aux yeux d'un peuple entier je ne tremble et faiblisse!
(A Rosamonde.)
Puisque tu m'as fait voir un si grand dévoûment,
Ne m'abandonne pas à mon dernier moment.
C'est à toi que je dois ce que j'ai de courage;
Achève, Rosamonde, achève ton ouvrage.

ROSAMONDE.

Je veux bien m'efforcer d'adoucir vos douleurs.
Mais, n'apercevant pas d'issue à vos malheurs,
Je n'entreprendrai pas, pour calmer vos souffrances,
De vous leurrer encor de vaines espérances.
Loin de vous soulager et de vous secourir,
Je vous ferais ainsi davantage souffrir.

BRUNEHILDE.

Tu prendrais en effet une stérile peine:
Je ne sais que trop bien que ma mort est certaine.
Si mon fils avec moi ne devait pas périr,
Il m'importerait peu de vivre ou de mourir.
Mais ce qui maintenant m'abreuve d'amertume,
Ce qui par-dessus tout me brise, me consume,
Ce qui m'est mille fois plus amer que la mort,
C'est cette incertitude, où je suis, sur son sort.
De soldats bien armés une troupe trop forte
De son cachot gardait probablement la porte,

Pour qu'enfin Mérovée, afin de l'en tirer,
Avec succès ait pu tenter d'y pénétrer.
Malheureux Childebert! innocente victime!
Par d'odieux parents, qu'un cœur haineux anime,
En ennemi mortel je vais te voir traité,
Sans pouvoir te soustraire à leur méchanceté.
Obtenir ton salut était ma seule envie;
Quand même il m'eût fallu le payer de ma vie,
Je l'aurais aussitôt livrée avec bonheur;
J'aurais donné pour toi tout, excepté l'honneur.
Peut-être était-ce là l'unique sacrifice,
Que, pour te dérober à leur cruel caprice,
J'eusse été résolue à ne pas concéder,
Et c'est celui qu'on est venu me demander!

ROSAMONDE.

Puisque vous ne pouvez changer votre infortune,
Chassez de votre esprit cette idée importune,
Et rassemblez plutôt vos forces, pour ne pas
Vous montrer défaillante en face du trépas.

BRUNEHILDE.

Ton conseil est rempli de raison, Rosamonde.
Au terme qu'à ma vie a prescrit Frédégonde
Je suis presqu'arrivée; encor quelques instants,
Et je serai livrée au bourreau que j'attends.
Je devrais donc, pendant les moments qu'on me laisse,

M'apprêter seulement à mourir sans faiblesse.
Mais, malgré mon désir de suivre ton avis,
Je ne puis m'empêcher de penser à mon fils
Et de me rappeler que par ma résistance
A mon beau-frère hier j'ai dicté sa sentence.
C'est moi, qui, persistant toujours à refuser
Le nœud que Chilpéric cherchait à m'imposer,
Ai, pour ne pas prêter mon concours à ce crime,
De ma triste vertu rendu mon fils victime.
Mais, puisque je n'ai pas avec toi de secrets,
Je dois te confesser que j'ai d'amers regrets,
Faute d'avoir usé du moyen, que peut-être
Le ciel, pour le sauver, me faisait apparaître.

ROSAMONDE.

Quoi! vous auriez donc pu, madame, vous donner?...

BRUNEHILDE.

Écoute-moi plutôt que de me condamner.
Cette nuit, pour sortir d'une longue insomnie
Qui me l'a fait paraître un siècle d'agonie,
J'ai prié, j'ai gémi, j'ai répandu des pleurs,
Et j'ai songé sans trêve à mes cruels malheurs.
Mille réflexions, mille sombres pensées
Se sont dans mon esprit sans relâche pressées.
Je me suis épuisée en vain à les chasser;
Malgré tous mes efforts, elles ont fait passer

Et repasser sans cesse au fond de ma mémoire
Cette prospérité, devenue illusoire,
Ces honneurs, qui m'étaient hier encor rendus,
Ces innombrables biens, que j'ai si tôt perdus,
Ces fêtes, ces plaisirs dont j'étais enivrée,
Cet amour d'un époux dont j'étais adorée,
Ces projets de vengeance ardemment poursuivis
Qu'un horrible attentat m'a tout-à-coup ravis,
Cet espoir de régner sur un double royaume
Qui s'est évanoui comme un vague fantôme,
Et, pour couronnement, ce triomphe certain,
En désastre changé par un coup du destin;
Et de tant de grandeurs comparant l'étendue
A l'avilissement où je suis descendue,
J'ai fini par céder au découragement.
Mais ce qui met le comble à mon abattement,
C'est qu'alors que j'étais de ces rêves la proie,
J'ai compris, mais trop tard, qu'il était une voie,
Qu'il m'aurait fallu prendre et qui m'aurait permis
D'arracher mon enfant à mes deux ennemis,
Et que j'ai sans retour, ne l'ayant pas suivie,
Manqué l'occasion de lui sauver la vie.
Et voici le moyen, à ma détresse ouvert,
Que par malheur à temps je n'ai pas découvert :
Sans pour cela subir aucune ignominie,

Au roi des Neustriens je pouvais être unie.
Au lieu de le blesser par mon constant dédain,
J'aurais pu consentir à lui donner ma main,
Faire évader mon fils avant d'être menée
A l'autel préparé pour mon triste hyménée,
Recevoir pour époux mon cruel suborneur,
Et par un prompt trépas conserver mon honneur.
Voilà ce qu'il aurait fallu que j'accomplisse ;
J'eusse ainsi dérobé Childebert au supplice,
A des gens dévoués je l'eusse abandonné,
Par eux en Austrasie il eût été mené.
Et les Austrasiens, en le voyant paraître,
Auraient en eux senti l'espérance renaître ;
Ils se seraient rangés en foule autour de lui,
Se seraient empressés de lui prêter appui,
Et du père à l'enfant, sans souci de son âge,
Auraient restitué le royal héritage.
Ce n'est pas tout : j'aurais encore eu le bonheur,
Avant de préserver par la mort mon honneur,
De voir devant mes yeux tomber mon ennemie,
Et, sans avoir subi ni commis d'infamie,
J'aurais enfin vengé ma sœur et mon époux !
A ce prix le trépas m'aurait semblé bien doux !
Pourquoi donc, ô mon Dieu, mon âme déchirée
N'a-t-elle pas été par vous mieux inspirée ?

En me montrant trop tard ce moyen de salut,
D'aggraver ma douleur avez-vous eu le but?
ROSAMONDE.
Cessez donc d'irriter le mal qui vous dévore.
BRUNEHILDE.
S'il n'était pas trop tard, si je pouvais encore
Voir devant moi surgir la même occasion,
J'imposerais silence à ma répulsion.
Mais non, je ne dois pas garder cette espérance;
Je ne peux désormais croire à ma délivrance;
Ayant de Chilpéric découvert les secrets,
Frédégonde l'épie et l'observe de près,
Et si, voulant enfin faire amende honorable,
Il désirait me tendre une main secourable,
Qui sait s'il pourrait même arriver jusqu'ici?
ROSAMONDE.
Vous en doutez à tort, madame; le voici.

SCÈNE II

Les Mêmes, CHILPÉRIC.

BRUNEHILDE, à part.
Ah! ciel! oui, c'est lui-même; en voyant son visage,
Je sens s'évanouir soudain tout mon courage
Et sortir de mon cœur la résolution
De passer du projet à l'exécution.

CHILPÉRIC.

Je viens ici, madame, à votre heure suprême
Tenter sur votre esprit une entreprise extrême.
Si vous désirez fuir la fin qui vous attend,
Veuillez vous prononcer sans perdre un seul instant.
Avec elle amenant une nombreuse escorte,
Frédégonde bientôt va franchir cette porte
Et vous faire traîner par elle à l'échafaud :
Sur vos intentions fixez-moi d'un seul mot.

BRUNEHILDE.

Daignez, au nom du ciel, être moins implacable
Contre une belle-sœur que la fortune accable.

CHILPÉRIC.

Répondez sans délai, madame, et choisissez
Entre les deux partis que je vous ai laissés.

BRUNEHILDE.

Apprenez-moi d'abord, avant que je choisisse,
Si mon fils peut encore échapper au supplice.

CHILPÉRIC.

Il est encore en vie, et je peux le sauver.
Mais à ce résultat je ne peux arriver
Qu'en faisant sur-le-champ succomber Frédégonde.
Hâtez-vous donc d'opter, sans perdre une seconde.
J'ai des hommes tout prêts pour le moment fatal,
Où je dois de sa mort leur donner le signal,

Et, pour le leur donner, je n'attends plus moi-même
Que votre obéissance à l'homme qui vous aime.
Dites, m'accordez-vous votre main en retour ?

BRUNEHILDE.

Si pour moi vous aviez un véritable amour,
Avant de consentir à me rendre service,
Vous n'exigeriez pas de moi ce sacrifice.

CHILPÉRIC.

Madame, c'est avoir trop de témérité
Que de payer ainsi ma générosité.
Il est temps à la fin que ma colère éclate
Sans aucune pitié contre une femme ingrate.
A tarir ma bonté vous avez réussi ;
Vous m'avez dédaigné ; je vous dédaigne aussi ;
Vous m'avez méprisé ; c'est moi qui vous méprise.
Ma résolution est maintenant bien prise ;
Vous vous efforceriez en vain de la plier ;
J'ai souffert des affronts qu'on ne peut oublier.
Puisque, par un orgueil dont vous êtes victime,
Vous avez refusé mon secours dans l'abîme,
Madame, je vous laisse à votre triste sort.
Adieu ; préparez-vous à marcher à la mort.

ROSAMONDE.

Fléchissez-le, madame, ou vous êtes perdue.

BRUNEHILDE.

Mon frère, ayez pitié d'une femme éperdue
Qui contre vos désirs ne se révolte plus.

CHILPÉRIC.

Madame, il est trop tard, vos pleurs sont superflus.
Vous avez à mes vœux refusé de vous rendre ;
C'est moi qui ne veux plus à mon tour vous entendre.

ROSAMONDE.

Madame...

BRUNEHILDE, à Rosamonde.

Tu vois bien que je l'implore en vain.

(A Chilpéric.)

Mon frère, au nom du ciel, soyez moins inhumain.
Exprimez vos désirs, et, pour les satisfaire,
Vous allez me trouver disposée à tout faire.
Vous désiriez me voir vous prendre pour époux ;
Je ne refuse plus de m'allier à vous.
Si ce n'est pas assez, exigez autre chose ;
Je ne reculerai devant aucune clause.
Serez-vous insensible, et mon affliction
N'obtiendra-t-elle pas votre compassion ?

CHILPÉRIC.

Faut-il vous répéter que vous avez, madame,
Trop longtemps refusé de répondre à ma flamme ?

BRUNEHILDE.

Mais poignardez-moi donc ici de votre main.
Je souffrirai bien moins; ce sera plus humain.

CHILPÉRIC.

Eh bien! madame, eh bien! puisqu'il faut m'y résoudre,
Je cède à votre instance et veux bien vous absoudre.
Quoique vos dédains aient éveillé mon courroux,
Je n'exigerai pas autre chose de vous
Que votre main par vous maintenant accordée
A celui qui vous l'a tant de fois demandée.
Mais si, quand vous aurez de moi tout obtenu,
Vous voulez éluder le lien convenu,
Souvenez-vous en bien, j'en tirerai vengeance.

BRUNEHILDE.

Vous ne me verrez pas tromper votre indulgence.
Mais vous avez encor quelques instants bien courts;
Mettez-les à profit pour nous sauver...

CHILPÉRIC.

                                  J'y cours.

SCÈNE III

Les Mêmes, FRÉDÉGONDE, SOLDATS.

FRÉDÉGONDE.

Où courez-vous? Que peut signifier ce trouble?
D'où vient cette pâleur que mon aspect redouble?

CHILPÉRIC, à Frédégonde.

Calmez-vous : quand j'ai seul en ce lieu pénétré,
Je n'ai voulu, madame, agir qu'à votre gré.
Ma pensée est par vous vraiment bien mal comprise :
J'ai désiré vous faire une douce surprise.
Connaissant vos projets, j'ai voulu vous ôter
Le soin embarrassant de les exécuter.
Vous avez eu trop vite une crainte illusoire.

FRÉDÉGONDE, à Chilpéric.

Avant peu je saurai ce que je dois en croire.
(A Brunehilde.)
Madame, quant à vous, vous savez qu'il vous faut
Sans discours superflus aller à l'échafaud;
Veuillez vous disposer sur le champ à me suivre.

BRUNEHILDE.

Madame, à vos bourreaux volontiers je me livre;
Mais mon fils n'a rien fait, vous devez l'épargner.

FRÉDÉGONDE.

A voir tomber sa tête il faut vous résigner.

BRUNEHILDE.

Madame, au nom du ciel!...

FRÉDÉGONDE.

      Soldats, qu'on la saisisse
Et que d'ici sur l'heure on la mène au supplice.

SCÈNE IV

Les Mêmes, MÉROVÉE.

MÉROVÉE.

Non, n'obéissez point, soldats, entendez-vous?
Gardez-vous d'y toucher, ou craignez mon courroux.
  (A Frédégonde.)
Et quant à vous, malgré cette grande puissance
Que vous donna l'intrigue et non pas la naissance,
Malheur à vous aussi, si vous osez sévir!
Childebert est sauvé; j'ai su vous le ravir.
Il est trop loin déjà, pour être dans sa fuite
Arrêté par des gens lancés à sa poursuite;
Vous pouvez envoyer vos hommes sur ses pas;
Mais, je vous en réponds, ils ne l'atteindront pas.

BRUNEHILDE.
Quoi, mon fils est sauvé, Mérovée? Est-ce un songe?
MÉROVÉE.
Non, chère tante, non, ce n'est pas un mensonge.
BRUNEHILDE.
Prince, puisse le ciel vous rendre vos bienfaits!
Grâce à vous, maintenant je vais mourir en paix!
FRÉDÉGONDE, à Mérovée.
Vous êtes un menteur ou vous êtes un traître!
MÉROVÉE, à Frédégonde.
Madame, respectez le fils de votre maître.
Si dans vos cruautés je vous avais servi,
Vous ne songeriez pas à me nommer ainsi.
CHILPÉRIC, à Mérovée.
Si c'est vous qui m'avez enlevé mon otage,
La mort sera pour vous le prix d'un tel outrage.
MÉROVÉE, à Chilpéric.
Ma vie est dans vos mains, vous pouvez me l'ôter.
Mais vous ne serez pas longtemps sans regretter
Un fils, qui, vous voyant dans le chemin du crime,
A retenu vos pas sur les bords de l'abîme,
Et que d'avoir trop bien compris votre intérêt
Vous aurez châtié par un inique arrêt.
Oui, je vous le proteste et vous pouvez m'en croire,
Je n'ai jamais songé qu'à votre propre gloire :

J'ai vu que vous n'étiez qu'un docile instrument
Dont une femme impie abusait constamment ;
Que, demeurant toujours soumis à son caprice,
Vous vous laissiez mener par elle au précipice ;
Que, par faiblesse enfin, vous alliez vous grever
D'un déshonneur dont rien ne pourrait vous laver,
Et consentir, pour mieux complaire à Frédégonde,
A vous rendre un objet d'horreur pour tout le monde.
A suivre ses desseins vous sentant résolu,
A tout prix en bon fils, mon père, j'ai voulu
Que vous ne fussiez pas accusé par l'histoire
D'avoir toujours été cruel dans la victoire.
FRÉDÉGONDE, à Mérovée.
Traître, je te ferai sévèrement payer
L'affront, que tu te plais à me faire essuyer.
MÉROVÉE, à Frédégonde.
A vos cris vous pensez en vain me voir répondre :
C'est par mon seul mépris que je veux vous confondre.
FRÉDÉGONDE.
L'effronté ! (A Chilpéric.) Chilpéric, ne délibérons point.
Peut-être Childebert peut-il être rejoint ;
Afin de l'arrêter au milieu de sa fuite,
Hâtons-nous d'envoyer nos gens à sa poursuite.
CHILPÉRIC, à Frédégonde.
Je cours les y lancer.

MÉROVÉE.

    Non, quittez cet espoir,
Mon père; il est parti d'ici dès hier soir,
Et vous pouvez me croire avec toute assurance;
Car moi-même j'ai pris part à sa délivrance.
Vous vous souvenez bien qu'émus du désarroi
Produit au milieu d'eux par la mort de leur roi,
Bien des Austrasiens vous rendirent hommage,
Mais qu'aussi quelques-uns, montrant plus de courage,
S'abstinrent de venir saluer le vainqueur.
Gondobald se trouvait parmi ces gens de cœur.
Désirant de son roi voir l'enfant et la veuve
Échapper sains et saufs à leur terrible épreuve,
Pour ôter de vos mains Brunehilde et son fils,
Avec quelques amis il marcha sur Paris.
Mais, en entrant une heure avant lui dans la ville,
Vous rendîtes d'abord son dévoûment stérile.
Cependant cet échec ne le rebuta pas;
Apprenant qu'à Paris j'avais porté mes pas,
Il espéra pouvoir, avec mon assistance,
Par la fuite aux captifs conserver l'existence.
Afin de s'assurer mon nécessaire appui,
Un messager vers moi fut envoyé par lui.
Voulant vous empêcher, après tant d'autres crimes,

De livrer à la mort encore deux victimes,
Je dis au messager que de tout mon pouvoir
Je servirais un plan conforme à mon devoir,
Et que, dès que j'aurais dans l'ombre vu son maître
Sous les murs du château vers le soir apparaître,
J'userais du moyen que j'aurais découvert
De faire entre ses mains parvenir Childebert.
Cette combinaison n'offrait que peu de chances;
Mais Dieu mit à m'aider toutes ses complaisances
Et la fit réussir malgré vos soins jaloux.
Dès que j'eus vu le duc exact au rendez-vous,
Plein d'espoir je courus, sans tarder davantage,
Au cachot qu'habitait le captif en bas âge.
Les gens qui le gardaient voulurent m'expulser.
Mais ils n'osèrent pas longtemps me repousser;
Je parlai, j'ordonnai, j'agis de telle sorte
Que, sans plus résister, ils m'ouvrirent la porte.
Après l'avoir placé dans le fond d'un panier,
Je fis le long des murs glisser le prisonnier.
Gondobald l'emporta favorisé par l'ombre.
Aux portes de Paris ses amis en bon nombre
Attendaient son retour pour partir avec lui.
Dès qu'il les eut rejoints, avec eux il a fui.
Avant que le soleil ait fini sa carrière,
Ce soir de l'Austrasie il verra la frontière,

Et l'on vous apprendra bientôt que Childebert
Est monté sur le trône où régnait Sighebert.
   FRÉDÉGONDE, à Mérovée.
Childebert est donc libre ! Eh ! bien, tu peux m'en croire,
Je te ferai bientôt regretter ta victoire.
  (A Brunehilde.)
Et vous, à votre tour, madame, n'allez pas
Vous leurrer de l'espoir d'éviter le trépas.
Votre fils m'est ravi, mais vous êtes sa mère ;
Vous porterez pour deux le poids de ma colère.
   MÉROVÉE, à Chilpéric.
Ne laissez pas toucher à votre belle-sœur,
Mon père, et traitez-la vous-même avec douceur,
Ou craignez que son fils, sur les champs de batailles,
A votre égard un jour n'use de représailles.
   FRÉDÉGONDE.
Soldats, accomplissez l'ordre que j'ai donné !
 (Les soldats font un mouvement pour obéir ; mais ils s'arrêtent
  devant un signe de Chilpéric.)
   CHILPÉRIC, à Frédégonde.
Non, madame, je suis las d'être dominé.
Il est temps qu'à la fin j'agisse sans entrave,
Et que sous votre joug je cesse d'être esclave.
Rempli de confiance en vous, j'avais voulu
Vous donner sur le trône un pouvoir absolu ;

Mais, puisqu'unie à moi malgré votre naissance,
Vous ne m'en conservez nulle reconnaissance,
A tous, sans plus tarder, je fais ici savoir
Que j'entends vous reprendre aujourd'hui ce pouvoir.
Soldats, n'obéissez qu'à votre unique maître,
Et, s'il est un de vous qui se montre assez traître
Pour écouter l'épouse au mépris de l'époux,
Qu'il s'éloigne sur l'heure ou craigne mon courroux !

FRÉDÉGONDE, aux soldats.

Soldats, exécutez l'ordre de votre reine !

(A part.)

Ils n'obéissent pas, et ma colère est vaine !

(A Chilpéric.)

Prends garde qu'en m'ôtant le respect qui m'est dû,
Toi-même, Chilpéric, tu ne te sois perdu !

CHILPÉRIC, à Brunehilde.

Et vous, pour qui je fus d'abord inexorable,
Puisqu'aujourd'hui le ciel vous devient favorable,
Je ne veux pas lutter contre sa volonté ;
Je vous permets de vivre avec sécurité.
Quant à la liberté, je voudrais vous la rendre ;
Mais ma tranquillité m'oblige à vous la prendre.
Pour vous la procurer dans un certain degré,

Je ferai cependant tout ce que je pourrai.
Vous aurez à Rouen, lieu que je vous assigne,
Une position qui de vous sera digne,
Et, pour vous témoigner ma sincère amitié,
De vos riches trésors je vous rends la moitié.

BRUNEHILDE, à Chilpéric.

Est-il vrai, Chilpéric? Que le ciel vous bénisse!

FRÉDÉGONDE, à Brunehilde.

Vous triomphez, madame, au moment du supplice,
Et, lorsque vous étiez tout près de succomber,
Chilpéric à la mort vient de vous dérober.
Mais ne célébrez pas trop tôt votre victoire :
Je ne tarderai pas à la rendre illusoire.
En mettant votre espoir dans le secours du roi
Et de son digne fils alliés contre moi,
Vous vous flattez trop tôt d'échapper à ma haine.
Elle vous atteindra, soyez-en bien certaine,
Et, jusqu'en votre exil allant vous torturer,
Ne vous laissera pas un instant respirer.

BRUNEHILDE, à Frédégonde.

Soustraite à des revers qui semblaient sans remède,
Dans mon exil encor du ciel j'obtiendrai l'aide.

FRÉDÉGONDE.
Malgré son vain appui je vous y poursuivrai.

BRUNEHILDE, à Mérovée.
Prince!...

MÉROVÉE.
Ne craignez rien, je vous y rejoindrai.

PAUL ET PAULINE

COMÉDIE EN UN ACTE, EN VERS

Avril 1857.

PERSONNAGES

M. VALBRAY.
PAULINE.
PAUL.

PAUL ET PAULINE

SCÈNE PREMIÈRE

MONSIEUR VALBRAY, PAULINE.

MONSIEUR VALBRAY.
Ma fille, il faut aller refaire ta toilette.
PAULINE.
Pour ce matin je crois qu'elle est assez complète.
MONSIEUR VALBRAY.
C'est vrai, ma chère enfant, et tu n'as pas besoin,
Pour éblouir mes yeux, d'y mettre tant de soin ;
Mais, comme moi, le monde a-t-il les yeux d'un père ?
PAULINE.
Le monde ! Êtes-vous bon de songer à lui plaire ?
Moi, de ses jugements je ne prends nul souci.
MONSIEUR VALBRAY.
Je ne t'entendrai pas parler toujours ainsi.
PAULINE.
Et moi, je crois qu'avant de changer de langage,
De jamais en changer j'aurai dépassé l'âge.

MONSIEUR VALBRAY.

De semblables propos ne te conviennent pas.
Va t'habiller.

PAULINE.

J'y vais, mon père, de ce pas.
Mais pourquoi ce matin faut-il que je m'habille ?
Attendez-vous déjà des amis ?

MONSIEUR VALBRAY.

Non, ma fille.
J'attends tout simplement un peintre de portraits,
Que, pour faire le tien, je fais venir exprès.

PAULINE.

Mon portrait ! Je le vois, dans votre amour extrême,
Il vous faut mon image à défaut de moi-même,
Et, me couvant toujours des yeux comme un trésor,
Absente vous voulez me contempler encor.
Ah ! que vous êtes bon, et quelle douce ivresse
Répand dans tout mon être une telle tendresse !

MONSIEUR VALBRAY.

Oui, ma fille, je t'aime, et ta félicité
Est le seul bien que j'aie ici-bas souhaité.
Mais fais trêve un instant à ton élan candide ;
Car tu n'as pas compris le motif qui me guide.

PAULINE.

Quel est donc ce motif ?

MONSIEUR VALBRAY.
>
> Je veux te marier.

PAULINE.

Avez-vous donc juré de me contrarier,
Mon père? Et, quand, depuis trois mois, je vous répète
Que pour me marier je ne me sens point faite,
Pourquoi sur ce sujet sans cesse revenir?

MONSIEUR VALBRAY.

C'est qu'un peu mieux que toi je lis dans l'avenir.
Un homme peut toujours songer au mariage;
Mais une fille est loin d'avoir cet avantage.

PAULINE.

Et qu'est-ce que cela peut lui faire, après tout,
Quand pour le mariage elle n'a point de goût?

MONSIEUR VALBRAY.

Le goût change à ton âge; aujourd'hui ce qui charme
Ne sera plus demain qu'une cause d'alarme.
Écoute mes conseils et tu m'en sauras gré.

PAULINE.

Non, mon père, jamais je ne me marirai.

MONSIEUR VALLRAY.

Mais que feras-tu donc, et quelle est ton envie?

PAULINE.

Sans souci, près de vous je passerai ma vie.

MONSIEUR VALBRAY.
Pourquoi tenir ainsi d'irréfléchis discours?
Après moi tu vivras encore de longs jours,
Et si je te laissais, en mourant, vieille fille,
Tu serais condamnée à rester sans famille ;
Tu ne possèderais nul parent qui pourrait
Diminuer le vide où ma mort te mettrait.

PAULINE.
Que voulez-vous me dire? expliquez-vous, mon père.

MONSIEUR VALBRAY.
Tu connais la moitié de ce triste mystère ;
Je dois t'en achever la révélation.
Écoute-moi, ma fille, avec attention.

PAULINE.
Parlez.

MONSIEUR VALBRAY.
  Je suis ton père, et dans mon cœur je trouve
Pour toi des sentiments qu'un père seul éprouve.
Mais de la parenté qui nous unit tous deux
La nature a formé toute seule les nœuds.
Pour apprendre le droit et voir la capitale,
A vingt ans je partis de ma ville natale.
Je rencontrai ta mère ; elle avait les attraits
Que je retrouve encore aujourd'hui dans tes traits ;
Et, lorsque je te vois ou pleurer ou sourire,

Pour moi c'est elle encor qui rit ou qui soupire.
Je l'aimai, je lui fis l'aveu de mon amour.
Elle y crut et bientôt le paya de retour.
Ma famille, en faisant épier ma conduite,
De cette liaison fut promptement instruite.
Elle voulut la rompre et fit tous ses efforts
Pour me faire cesser ces coupables rapports.
Ta mère, sans murmure offrant de s'y résoudre,
De mon amour pour elle ainsi se fit absoudre,
Et depuis ce moment, pendant près de neuf ans,
Nous vécûmes tous deux sans autre contre-temps.
Auprès d'elle j'aurais passé ma vie entière ;
Mais je devais enfin choisir une carrière.
Ma famille y songea : par un ordre fatal
Elle me rappela dans mon pays natal.
J'obéis, et, n'osant voir sa douleur amère,
La nuit, furtivement, j'abandonnai ta mère...
Sans pleurer aujourd'hui je ne puis y penser.

PAULINE.

Mon père, je suis là pour vous la remplacer ;
Calmez votre chagrin.

MONSIEUR VALBRAY.

                J'aurais mieux fait peut-être
De garder le secret que je t'ai fait connaître.

PAULINE.

Non, mon père, achevez; car le temps est venu
De ne plus me laisser ce secret inconnu.

MONSIEUR VALBRAY.

Je poursuis : à Rouen mon père était notaire ;
Je dus lui succéder, pour ne pas lui déplaire,
Et peu de temps après, j'eus beau me récrier,
Pour lui complaire encor, je dus me marier.
Entre les mains de Dieu je mis mes destinées,
Je m'armai de courage, et pendant dix années
Je remplis chaque jour avec un soin jaloux
Mes devoirs de notaire et mes devoirs d'époux.
Mais, tout en demeurant à mes devoirs fidèle,
Je pensais à ta mère et n'aimais toujours qu'elle.

PAULINE.

Enfin qu'arriva-t-il?

MONSIEUR VALBRAY.

           Ma femme, après ce temps,
Mourut subitement, sans me laisser d'enfants.
Depuis longtemps déjà j'avais perdu mon père ;
Rien ne m'empêchait plus d'aller revoir ta mère.
A mon principal clerc aussitôt, à bas prix,
Je cédai mon étude, et partis pour Paris...
Mais ce soir seulement je t'apprendrai le reste ;
En parlant, j'oubliais que l'heure à fuir est leste

Et que, s'il est exact, ici dans peu d'instants
Nous allons voir entrer l'artiste que j'attends.

PAULINE.

Quoi! vous n'achevez pas?

MONSIEUR VALBRAY.

Non; mais, tu peux me croire,
Je te dirai tantôt la fin de cette histoire.
Va donc t'habiller.

PAULINE.

Soit. Mais j'irai seulement
Lorsqu'enfin vous m'aurez un peu plus clairement
Dit ce que vous avez l'intention de faire
D'un portrait, qui pour vous n'est pas bien nécessaire.

MONSIEUR VALBRAY.

Je n'en ai vraiment pas maintenant le loisir;
Mais bientôt je pourrai me rendre à ton désir.

PAULINE.

Non, ce n'est pas bientôt, c'est sur-le-champ, mon père,
Qu'il faut m'apprendre en quoi consiste ce mystère.

MONSIEUR VALBRAY.

Mais, quand je te promets...

PAULINE.

Non, c'est un parti pris;
Je ne bougerai point que je ne l'aie appris.

MONSIEUR VALBRAY.

Eh bien, puisqu'il le faut, je m'en vais te le dire.

PAULINE.

J'écoute.

MONSIEUR VALBRAY, à part.

Que le ciel en ce moment m'inspire!

PAULINE.

Vous dites?

MONSIEUR VALBRAY.

A Rouen, grâce à mes fonctions,
Je m'étais fait jadis maintes relations.
J'en ai gardé beaucoup, et je pense, ma fille,
Avoir dans une bonne et très riche famille,
Heureusement trouvé le mari qu'il te faut.

PAULINE.

Ne vous ai-je pas dit déjà mon dernier mot?
Faut-il vous répéter?...

MONSIEUR VALBRAY.

Avant de rien conclure,
On veut par ton portrait connaître ta figure.
Rien n'est plus naturel.

PAULINE.

Faut-il donc vous crier
Que je ne me sens point prête à me marier?

MONSIEUR VALBRAY.

Par ton entêtement à la fin tu m'obsèdes ;
Bon gré mal gré, ma fille, il faudra que tu cèdes.
A ne plus t'écouter je suis bien résolu ;
Quatre ou cinq bons partis déjà ne t'ont pas plu ;
A tes caprices vains je ne veux plus me rendre ;
Un dernier se présente, il te faudra le prendre.

PAULINE.

Je ne le prendrai pas.

MONSIEUR VALBRAY.

     Et je te réponds, moi,
Qu'il te faudra le prendre, ou bien dire pourquoi,
Et tout à l'heure ici, lorsque viendra l'artiste,
Devant lui tu feras un visage moins triste.

PAULINE.

Il peut rester chez lui, je ne poserai pas.

MONSIEUR VALBRAY.

Devant lui, je te dis, moi, que tu poseras.

PAULINE.

Non.

MONSIEUR VALBRAY.

 Tu te tiendras bien.

PAULINE.

     Non. Je ferai la moue.

MONSIEUR VALBRAY.
De moi je n'entends pas que ma fille se joue.
PAULINE.
Moi, j'entends n'écouter que mon goût.
MONSIEUR VALBRAY.
                                        Le voici !
Ne songeons plus à rien.
PAULINE.
                Je m'en vais.
MONSIEUR VALBRAY.
                                        Reste ici.

SCÈNE II

Les Mêmes, PAUL.

MONSIEUR VALBRAY, rappelant sa fille.
Pauline !
PAULINE, apercevant Paul.
Ah !...
MONSIEUR VALBRAY, à Pauline.
        Qu'as-tu donc ? — Bonjour, monsieur l'artiste.
PAUL.
Monsieur, je vous salue.
MONSIEUR VALBRAY.
                        Une nouvelle triste
Tout à l'heure nous a tous deux mis en émoi.

Nous en sommes encor troublés, ma fille et moi;
Vous nous excuserez?

PAUL.

    Non, c'est moi qui regrette
De rendre ainsi chez vous ma présence indiscrète.
Mais si vous le souffrez, je puis me retirer.

MONSIEUR VALBRAY.

Aucunement. Ici vous pouvez demeurer.
Permettez seulement que, pour changer de robe,
Un instant à vos yeux ma fille se dérobe.
Va t'habiller, Pauline, et reviens promptement.

PAULINE.

J'y vais.

PAUL.

   Il n'est besoin d'aucun ajustement.
— Restez, mademoiselle.

MONSIEUR VALBRAY.

      En ce cas, à l'ouvrage
 (Bas à Pauline.)
Et toi, ma chère enfant, désormais sois plus sage,
Et, puisque je ne cherche et ne veux que ton bien,
Laisse-toi diriger, sans t'alarmer de rien.

PAULINE, bas à monsieur Valbray.

Je voudrais à vos vœux être toujours docile.

MONSIEUR VALBRAY, bas à Pauline.

En moi sois confiante, et ce sera facile.

Allons, n'en parlons plus. (Haut.) Vous pouvez commencer,
Monsieur.

PAUL.

Dans ce fauteuil voulez-vous vous placer,
Mademoiselle? — Bon! — Tenez-vous sans contrainte.

PAULINE.

De cette façon?

PAUL.

Oui. — Regardez-moi sans crainte.

PAULINE.

Ainsi?

PAUL.

Très bien. — Donnez à vos yeux plus de feu.
— Tout en me regardant, veuillez sourire un peu.
— C'est cela; sans effort gardez cette posture.

MONSIEUR VALBRAY, à Pauline.

Que l'art peut ajouter de charme à la nature!
Jamais je n'avais vu tes attraits gracieux
Si bien qu'en cette pose où tu ravis mes yeux.

PAULINE.

Ne parlez pas, mon père, ou parlez d'autre chose;
Autrement vous allez me gêner dans ma pose.

MONSIEUR VALBRAY.

Oui-dà; quel changement vient de se faire en toi?
Te voilà maintenant plus sage encor que moi.

Au fait, je ne dois pas y trouver à redire,
Et, pour ne point parler du tout, je me retire.
Au surplus, voici l'heure où mon courrier m'attend ;
Je vais le faire, et suis à toi dans un instant.

SCÈNE III

PAUL, PAULINE.

PAUL.

Si vous vous sentez lasse, il n'est rien qui s'oppose
A ce que nous fassions une légère pause.

PAULINE.

Je suis infiniment sensible à tant de soin,
Monsieur ; mais de repos je ne sens nul besoin.

PAUL.

Si je me suis trompé, veuillez, mademoiselle,
Excuser une erreur qui vous prouve mon zèle.

PAULINE, *baissant les yeux.*

Vous êtes excusé, monsieur ; ne craignez rien.

PAUL.

J'ai vu que vous quittiez votre premier maintien,
Et j'ai cru que c'était un peu de lassitude
Qui vous faisait ainsi changer votre attitude.
Mais, puisqu'à faux tombait ma supposition,
Reprenez, s'il vous plaît, votre position.

PAULINE.

Suis-je ainsi comme il faut? Veuillez bien me le dire.

PAUL.

Vous n'êtes pas encor comme je le désire.

PAULINE.

Comment donc me tenir?

PAUL.

      Je vous trouverais mieux,
Si vous vouliez lever davantage les yeux.
—Vous les baissez toujours? (Se levant.) De votre résistance
Hélas! je comprends trop ce qu'il faut que je pense.
Mais depuis trop longtemps je sens brûler mon cœur,
Pour que je puisse encore en étouffer l'ardeur,
Et dussé-je à jamais encourir votre blâme,
Il faut que, vous livrant les secrets de mon âme,
Je me confie enfin à vous entièrement.

PAULINE, se levant.

Que veut dire, monsieur, un tel égarement?

PAUL.

Me le demandez-vous? Devant un tel délire
Ne comprenez-vous pas la cause qui l'inspire?
Eh bien! apprenez donc que, depuis six longs mois,
Je ne puis m'empêcher de frémir, chaque fois
Qu'à travers les carreaux de ma pauvre fenêtre

Je vous vois vers le soir à la vôtre paraître.

PAULINE.

Vous oubliez, monsieur, en me parlant ainsi,
Le but qui seul a dû vous amener ici.

PAUL.

Ce but était fictif; je n'en ai point eu d'autre
Que de pouvoir enfin ouvrir mon cœur au vôtre.
Je savais que le ciel, par un arrêt cruel,
Avait mis entre nous un abîme éternel,
Et qu'alors que j'étais sans argent ni famille,
Un père fortuné vous appelait sa fille.
Mais ce profond abîme, existant entre nous,
N'a pu me détourner de venir jusqu'à vous.
Souvent de ma fenêtre en vos yeux j'ai cru lire
Que vous étiez sensible à mon affreux martyre,
Et j'ai voulu qu'avant de me donner la mort,
Vous eussiez devant moi statué sur mon sort.

PAULINE.

Vous parlez de mourir. Ce n'est point à votre âge
Qu'il est permis, monsieur, de tenir ce langage.

PAUL.

Et, moi je vous le jure ici sur mon honneur,
Si mon amour a pu pénétrer votre cœur,
Il n'existera point au monde de barrière

Que pour vous posséder je ne mette en poussière.
Mais, si vous me laissez juger que mon amour
Ne doit être par vous payé d'aucun retour,
Il faudra, de mourir n'ayant plus que l'envie,
Que de mes propres mains je m'arrache la vie.
Vous m'avez entendu : décidez de mon sort.

PAULINE.

Eh bien, je ne veux point vous livrer à la mort!

PAUL.

Ciel! ai-je bien compris? Vous m'aimez? C'est vous-même
Qui me le déclarez en cet instant suprême?
Vous m'aimez?

PAULINE.

Eh bien! oui.

PAUL.

J'étouffe de bonheur.

PAULINE.

Lorsque le cœur est pur, une fausse pudeur
Ne doit pas arrêter les élans qu'il inspire.
Je sais que j'aurais dû, sans hésiter, vous dire
De quel doux sentiment le mien est possédé :
Au préjugé commun, malgré moi, j'ai cédé,
Et maintenant encore, en tenant ce langage,
Je sens qu'un peu de honte empourpre mon visage.
Près de mon père ayant vécu jusqu'à ce jour,

Je n'ai jamais parlé la langue de l'amour.
Vous m'excusez, monsieur?

PAUL.

Que parlez-vous d'excuse,
Lorsqu'en m'ouvrant un cœur si bien exempt de ruse,
Des hommes vous m'avez rendu le plus heureux?

PAULINE.

Vous vous réjouissez trop tôt; contre vos vœux
Vont en effet surgir de sérieux obstacles.

PAUL.

Pour en venir à bout, je ferai des miracles;
Faites-les-moi connaître, et j'en triompherai.

PAULINE.

Mon père a disposé de moi contre mon gré,
Et ce portrait, qu'ici vous êtes venu peindre,
Il est pour un rival que vous avez à craindre.

PAUL.

Un rival?

PAULINE.

Calmez-vous. Je ne souffrirai pas
Qu'un autre unisse aux miens ses jours jusqu'au trépas.

PAUL.

Vous saurez n'accepter nul autre, je l'espère.
C'est bien; mais ce n'est pas assez; de votre père
Il nous faut obtenir encor l'adhésion.

PAULINE.

Nous songerons plus tard à cette question.
En ce moment, je crois, le parti le plus sage
Est d'aller sur-le-champ nous remettre à l'ouvrage.
Mon père à tout instant peut revenir ici,
Et tout serait gâté, s'il nous voyait ainsi.

PAUL.

Soit! Alors reprenez votre ancienne posture.
Je vais pour mon rival peindre votre figure.
Mais, puisque je me vois maître de votre cœur,
Je puis vous assurer aujourd'hui, sur l'honneur,
Qu'avant même d'avoir achevé de vous peindre,
Cet homme pour nos vœux ne sera plus à craindre.

PAULINE.

Puisse votre serment du ciel être entendu!
Mais réparons le temps que nous avons perdu.

PAUL.

Oui.

(Une pause.)

PAULINE.

Vous ne faites rien?

PAUL.

Non. C'est que sans colère
Je n'envisage pas l'aveuglement d'un père

Qui, lorsque pour sa fille il choisit un mari,
Regarde s'il est riche et non s'il est chéri.
PAULINE.
Que voulez-vous ? Mon père aux préjugés se fie ;
Il faut n'accuser qu'eux, lorsqu'il me sacrifie.
Le voici ; ne laissez surtout paraître rien.

SCÈNE IV

Les Mêmes, MONSIEUR VALBRAY.

MONSIEUR VALBRAY.
Eh bien ! ma chère enfant, as-tu par ton maintien
De ton peintre rendu la tâche plus facile ?
PAULINE.
J'ai posé, je le crois, en modèle docile.
Mais c'est monsieur qu'il faut sur ce point consulter.
MONSIEUR VALBRAY.
Ma fille a-t-elle su, monsieur, vous contenter?
PAUL.
Certes, mademoiselle, au cas de réussite,
Pourra s'attribuer presque tout le mérite.
MONSIEUR VALBRAY, regardant la toile.
Le portrait cependant n'est pas très avancé.
PAUL.
Ah! c'est que plusieurs fois je l'ai recommencé.

Je trouve à votre fille un rare caractère ;
Je voudrais le bien rendre, et je n'y parviens guère ;
Mais j'y réussirai, j'en suis sûr.

MONSIEUR VALBRAY, se refroidissant.

                                        Je vous crois ;
Mais en voici, monsieur, assez pour cette fois.
Pour ne pas abuser de votre complaisance,
Je renvoie à demain la seconde séance.

PAUL.

Ne craignez pas, monsieur, de me prendre mon temps ;
En ce moment je suis maître de mes instants,
Et, si l'achèvement presse le moins du monde,
Je pourrai dès ce soir vous donner la seconde.

MONSIEUR VALBRAY.

Je vous suis obligé, monsieur ; mais, entre nous,
Je songeais à ma fille en même temps qu'à vous ;
A rester trop longtemps dans la même attitude
Je redoutais pour elle un peu de lassitude.

PAULINE.

Vous pensez trop, mon père, à ma commodité ;
Je peux poser encore avec facilité.
— Monsieur peut revenir ce soir, s'il le désire.

PAUL.

A ce que vous voudrez je suis prêt à souscrire.

MONSIEUR VALBRAY.

La chose est entendue. A moins de contre-temps,
Vers quatre heures, ici, monsieur, je vous attends.

SCÈNE V

MONSIEUR VALBRAY, PAULINE.

MONSIEUR VALBRAY, à part.

J'entrevois un secret qu'il faut que je pénètre ;
Tâchons de l'éclaircir sans laisser rien paraître.
(Haut.) Mon récit, lorsqu'ici l'artiste est arrivé,
A dû, tu t'en souviens, rester inachevé.

PAULINE.

C'est vrai ; j'avais, mon père, oublié cette histoire.

MONSIEUR VALBRAY.

Tu ne me parais pas avoir bonne mémoire.

PAULINE.

J'en conviens, mais...

MONSIEUR VALBRAY.

Mais quoi ?...

PAULINE, à part.

Je suis folle vraiment.

Qu'allais-je dévoiler ?

MONSIEUR VALBRAY.

                Parle-moi nettement,
Ma fille ; que dis-tu ?

PAULINE.

                  Je dis que c'est ma pose
Qui d'un pareil oubli doit seule être la cause.

MONSIEUR VALBRAY.

Soit. Comme pour ma part je n'ai pas oublié
Que tantôt ma promesse envers toi m'a lié,
Je me fais un devoir d'y demeurer fidèle.
Puissé-je, à cet égard, te servir de modèle !

PAULINE.

Ce reproche m'afflige ; aussi, pour l'éviter,
Veux-je dorénavant ne plus le mériter.

MONSIEUR VALBRAY.

Je vais mettre bientôt ta constance à l'épreuve.

PAULINE.

De ma constance alors vous acquerrez la preuve.

MONSIEUR VALBRAY.

C'est ce que nous verrons.

PAULINE.

                Soit. Mais j'attends toujours
Que de votre récit vous repreniez le cours.
D'en connaître la fin je serais bien contente.

MONSIEUR VALBRAY.

Et moi, je ne veux pas prolonger ton attente ;
Écoute donc.

PAULINE.

Parlez.

MONSIEUR VALBRAY.

De retour à Paris,
Je courus, sans tarder, aux lieux toujours chéris
Où j'avais savouré, dans les bras de ta mère,
Un bonheur pour tous deux beaucoup trop éphémère.
Pauline (elle portait ainsi que toi ce nom)
Avait depuis longtemps déserté la maison.
Du portier d'autrefois un autre avait la place ;
Cet autre ne put pas me mettre sur sa trace.
Il m'apprit seulement que son prédécesseur
Avait aux Quinze-Vingts l'asile du malheur.
Cette indication me rendit l'espérance :
Je dirigeai mes pas vers ce lieu de souffrance.
Mon vieux concierge était encore à l'hôpital.
Il m'apprit que, huit mois après le jour fatal
Où j'avais délaissé furtivement ta mère,
Par elle à mon insu j'étais devenu père.
C'est à toi que son sein avait donné le jour...

PAULINE.

A moi ! C'est moi qui fus le fruit de cet amour ?

De ces premiers liens c'est moi que Dieu fit naître ?
Quel terrible secret vous me faites connaître !
Achevez cependant : grâce à votre récit,
L'énigme du passé devant moi s'éclaircit.

MONSIEUR VALBRAY.

Réduite au désespoir par ma conduite lâche,
Ta mère se sentit trop faible pour sa tâche.
Elle te déposa dans le triste séjour
Où se jettent les fruits des fautes de l'amour.
Puis, après quelques mois passés dans la détresse,
Elle-même finit par mourir de tristesse.
De me dominer mal, ma fille, excuse-moi :
Je ne puis maintenant encore sans émoi
Me rappeler la peine et la fin de ta mère.....

PAULINE.

Mon père, je comprends votre douleur amère.
Mais, si ma mère est morte, il faut songer aussi
Que vous me possédez à défaut d'elle ici.

MONSIEUR VALBRAY.

Que tu me fais de bien et que tu me consoles
Par l'essor spontané de tes bonnes paroles !
Tu me rends, cher enfant, la force d'achever.

PAULINE.

Dites, il ne faut pas craindre de m'éprouver.

MONSIEUR VALBRAY.

A peine avais-je pu découvrir cet indice,
Que déjà je prenais le chemin de l'hospice
Où vivent ces enfants que, par un saint effort,
La charité publique a sauvés de la mort.
Je t'y cherchai : bientôt ton âge, ta figure,
Ton nom, peut-être aussi le cri de la nature,
Tout sans peine me fit voir en toi mon enfant.
Dans mes bras aussitôt je te pris triomphant;
Je t'emportai chez moi; là, pendant dix années,
Le soin de ton bonheur a rempli mes journées,
Et dans le vif amour, au mien par toi rendu,
J'ai presque retrouvé ce que j'avais perdu.

PAULINE.

C'est donc là le secret de ma triste naissance!
J'ai de mon origine enfin la connaissance,
Et j'y distingue enfin ce que toujours mes sens
Étaient à pénétrer demeurés impuissants!

MONSIEUR VALBRAY.

Il ne faut pas qu'au moins cela te désespère;
Rien n'est changé pour toi : je suis toujours ton père.

PAULINE.

J'ai du cœur, et je n'ai besoin d'aucun effort,
Pour m'aider à lutter contre les coups du sort :
Vos révélations, faites sans réticence,

N'ont laissé place en moi qu'à la reconnaissance.
Sur l'heure je voudrais pouvoir vous le prouver.

MONSIEUR VALBRAY.

Puisqu'il en est ainsi, je m'en vais t'éprouver.

PAULINE.

J'attends.

MONSIEUR VALBRAY.

Ce que de toi je désire en revanche,
C'est qu'à son tour ton âme en la mienne s'épanche,
Et qu'elle veuille bien à moi se laisser voir.
Conte-moi tes secrets.

PAULINE.

Quels secrets puis-je avoir?
Vivant auprès de vous, je n'ai point de pensée
Qui par moi ne vous soit à chaque instant versée.

MONSIEUR VALBRAY.

Tu t'abuses, ma fille, ou tu veux m'abuser;
A ton âge le cœur ne sait se maîtriser.

PAULINE.

Rien ne vous autorise à me croire si folle,
Mon père.

MONSIEUR VALBRAY.

Mon enfant, tu tiens mal ta parole.

PAULINE.

Que vous ai-je promis?

MONSIEUR VALBRAY.

     Tu m'as fait le serment
De ne plus oublier aucun engagement.

PAULINE.

A quel engagement ai-je omis de me rendre?

MONSIEUR VALBRAY.

A celui que je t'ai tacitement fait prendre,
Quand ici tout à l'heure encore tu souffrais
Que je t'initiasse à mes plus chers secrets.
Ne vous faites jamais le confident d'un autre,
Si vous ne voulez pas qu'il devienne le vôtre;
Si vous n'avez pas cru devoir vous récuser,
Vous n'êtes plus en droit de lui rien refuser.

PAULINE.

Lorsque le confident est sans pensée intime,
Il devient malaisé d'appliquer la maxime.

MONSIEUR VALBRAY.

Sans doute; mais ce cas est loin d'être celui
Que je te crois, ma fille, applicable aujourd'hui.
Si tu voulais avoir un peu de confiance,
Tu me confirmerais bientôt dans ma croyance.
Parle sincèrement. Que peux-tu redouter?
Un père n'est-il pas fait pour tout écouter?

PAULINE.
Je ne crains rien, mon père, et cependant je n'ose,
Malgré tout mon désir, vous avouer la chose.
MONSIEUR VALBRAY.
Si c'est moi par hasard qui te gêne, en ce cas,
Pour me la raconter, ne me regarde pas.
PAULINE.
Vous me l'ordonnez donc?
MONSIEUR VALBRAY.
      Non; mais je t'y convie.
PAULINE.
Apprenez que mon cœur est lié pour la vie.
MONSIEUR VALBRAY.
A qui donc?
PAULINE.
   A celui que, par un jeu du sort,
Malgré vous, ce matin, je voulais fuir d'abord.
MONSIEUR VALBRAY.
Tu ne veux pas parler du peintre?
PAULINE.
      De lui-même.
MONSIEUR VALBRAY.
Tu plaisantes, je crois?
PAULINE.
     Non, mon père, je l'aime,

Et je n'hésite pas à vous dire aujourd'hui
Que je n'en aimerai jamais d'autre que lui.

MONSIEUR VALBRAY.

Mais tu n'y songes pas? A moins d'être insensée,
Tu ne peux pas nourrir dans ton cœur la pensée
De voir tes jours unis à ceux d'un besogneux,
Qui ne pourra jamais satisfaire tes vœux
Et qui, pour vous la rendre à tous les deux commune,
Ne saura t'apporter rien que son infortune.

PAULINE.

L'aisance avec un autre est pour moi sans appas;
La misère avec lui ne me déplaira pas.

MONSIEUR VALBRAY.

Tu parles, mon enfant, comme on parle à ton âge;
Mais ton père, à ta place, est forcé d'être sage.

PAULINE.

Le sage, êtes-vous sûr que ce soit de nous deux
Celui qui croit que l'or suffit pour rendre heureux?

MONSIEUR VALBRAY.

L'or est pour bien des maux un merveilleux remède;
S'il ne fait le bonheur, presque toujours il l'aide.

PAULINE.

De deux êtres unis par les liens du cœur
Il peut, sans aucun doute, augmenter le bonheur;

Mais, lorsque l'un pour l'autre ils n'ont que de la haine,
Il ne les aide pas à supporter leur chaîne.
MONSIEUR VALBRAY.
Tu parais oublier que tu n'es pas du tout
En état de pouvoir n'écouter que ton goût.
PAULINE.
Qu'est-ce donc qui s'oppose à ce que je l'écoute?
MONSIEUR VALBRAY.
La raison, que tu dois suivre, coûte que coûte.
PAULINE.
Quand pour la vie on doit l'un à l'autre s'unir,
La raison veut qu'on soit sûr de se convenir.
MONSIEUR VALBRAY.
As-tu donc oublié ta malheureuse histoire?
PAULINE.
Non, mon père, j'en ai conservé la mémoire.
MONSIEUR VALBRAY.
Ne comprends-tu donc point, en ce cas, qu'il te faut
Trouver dans ton mari ce qui te fait défaut!
PAULINE.
Et que me manque-t-il?
MONSIEUR VALBRAY.
      Il te manque, ma fille,
Un nom qui soit celui d'une bonne famille,
Et qui puisse effacer, au moins par son éclat,

Le ténébreux reflet de ton premier état.
Je l'ai trouvé : tu dois l'accueillir avec joie,
Comme un bien merveilleux que du ciel Dieu t'envoie.

PAULINE.

Je dois vous *** *uer qu'un tel raisonnement
Ne me fait point du tout changer de sentiment.
Pour avoir un beau nom il suffit d'être honnête;
Sans être riche et noble, on peut lever la tête.
Le nom d'un pauvre artiste, à mes yeux, vaut celui
D'un homme qui n'a pas de valeur propre en lui.

MONSIEUR VALBRAY.

Sans être noble et riche, un homme exempt de faute,
Peut, comme tu le dis, marcher la tête haute;
Mais, quelque pur qu'il soit, son nom ne pourra rien
Pour effacer la tache empreinte sur le tien.
Au contraire, il suffit que ton futur, ma fille,
Soit pauvre et ne soit pas d'une bonne famille,
Pour que, dans ta naissance enfonçant son scalpel,
Le monde y mette à jour le principe mortel.
Je reconnais qu'il a des préjugés étranges;
Mais je ne pense pas que jamais tu les changes.

PAULINE.

Je m'inquiète peu qu'il ait des préjugés
Et qu'ils puissent ou non être par moi changés.

Si, pour m'y conformer, je me rends malheureuse,
Croyez-vous qu'il me tende une main généreuse?
MONSIEUR VALBRAY.
Qu'il ait ou qu'il n'ait pas pitié de nos revers,
Nous n'en devons pas moins respecter ses travers.
PAULINE.
Nullement.
MONSIEUR VALBRAY.
    Sur ce point j'ai moins de confiance
En ta façon de voir qu'en mon expérience.
PAULINE.
Elle peut vous donner d'assez mauvais avis.
MONSIEUR VALBRAY.
Qu'ils soient mauvais ou bons, j'entends qu'ils soient suivis,
Et, pour faire cesser toutes paroles vaines,
Tu prendras le mari que je veux que tu prennes.
PAULINE.
Et moi, je vous réponds que je le choisirai,
Ou que plutôt jamais je ne me marirai.
MONSIEUR VALBRAY.
C'est ce que nous verrons.
PAULINE.
     C'est déjà vu, mon père.
MONSIEUR VALBRAY.
Une telle impudence à la fin m'exaspère :

Je te déclare ici pour la seconde fois
Que tu n'épouseras qu'un homme de mon choix.

PAULINE.

Pour la seconde fois, je vous l'affirme en face,
Je n'en épouserai qu'un qui me satisfasse.

MONSIEUR VALBRAY.

C'est trop fort!

PAULINE.

C'est ainsi.

MONSIEUR VALBRAY.

Tu m'obéiras!

PAULINE.

Non!

MONSIEUR VALBRAY.

De ton entêtement tu me rendras raison,
Et tu ne riras pas longtemps de ma faiblesse.

PAULINE.

La colère vous trouble; il faut que je vous laisse.

SCÈNE VI

MONSIEUR VALBRAY, seul.

L'infâme! Oser fouler à ses pieds toute loi,
Me manquer de respect, s'insurger contre moi!

Quelle conduite affreuse et quelle ingratitude!
Est-ce donc là le prix de ma sollicitude,
Et n'ai-je répandu sur elle tant d'amour
Que pour être payé d'un si triste retour?
Parce que j'ai toujours été trop bon pour elle,
Elle croit à mes vœux pouvoir être rebelle.
Mais, pour la faire agir selon ma volonté,
J'userai, s'il le faut, de mon autorité,
Et j'empêcherai bien, en dépit de sa flamme,
Que d'un chétif artiste elle ne soit la femme;
Et quant au malheureux qui vient de m'outrager,
Il apprendra bientôt que je sais me venger.
L'impudent! Le voici!

SCÈNE VII

MONSIEUR VALBRAY, PAUL.

PAUL.

Monsieur, je vous salue...
Vous voyez que j'arrive à l'heure convenue.

MONSIEUR VALBRAY, froidement.

Vous ne pouviez, monsieur, venir plus à propos;
J'avais précisément à vous dire deux mots.

PAUL.

A moi, monsieur?

MONSIEUR VALBRAY.

A vous.

PAUL.

Parlez, monsieur, de grâce.

MONSIEUR VALBRAY.

Je veux vous consulter sur un fait qui se passe
Et sur lequel je tiens à votre sentiment.
Un jeune et pauvre artiste avait son logement
En face de celui d'un bourgeois honorable,
Qui chez lui possédait une fille adorable.
Douée au plus au haut point des qualités du cœur,
Cette enfant de son père était tout le bonheur;
Elle lui tenait lieu d'amis et de famille.
Le père, un jour, voulut le portrait de sa fille;
Il dut choisir un peintre, et son cœur généreux
Donna la préférence au voisin malheureux...

PAUL.

C'en est assez, monsieur, et je crois vous comprendre.

MONSIEUR VALBRAY.

Pour mieux comprendre encore, achevez de m'entendre.
De son cœur n'écoutant que l'inspiration,
Le père avait donc fait une bonne action.
Du peintre savez-vous quelle fut la conduite?
Par lui du bienfaiteur la fille fut séduite,
Et par lui, pour toujours, le trouble a pénétré

Sous un toit où jamais il ne serait entré.

PAUL.

C'est trop fort !

MONSIEUR VALBRAY.

Quand un homme est sans nulle ressource
Et que de son semblable il dérobe la bourse,
Il est répréhensible, et, malgré son malheur,
L'acte qu'il a commis est l'acte d'un voleur.
Mais quand, pour expliquer sa conduite odieuse
N'ayant pas de la faim l'excuse spécieuse,
Il ravit le bonheur que possédait autrui,
Et commet un larcin, inutile pour lui,
Cet homme, qui sans cause ainsi se déshonore,
A votre avis, monsieur, n'est-il pas pire encore ?

PAUL.

Vous m'insultez, monsieur.

MONSIEUR VALBRAY.

Vous ne répondez point,
Et vous êtes d'accord avec moi sur ce point ?

PAUL.

Non, et sans le respect que m'inspire votre âge,
Je vous aurais déjà puni de cet outrage.

MONSIEUR VALBRAY.

De cet excès d'audace à la fin je suis las.
Sortez, monsieur, sortez.

PAUL.
>Je ne sortirai pas.

MONSIEUR VALBRAY.

Sortez, vous dis-je.

PAUL.
>Non.

MONSIEUR VALBRAY.
>Quel comble d'impudence

PAUL.

Puisque je suis privé de toute autre vengeance,
A votre tour, monsieur, vous m'entendrez aussi.
Eh bien! je vous l'atteste et vous le jure ici,
Si j'ai pour votre fille une amour insensée,
Je n'ai pas, en l'aimant, de vue intéressée.
Quand elle serait pauvre et moi ruisselant d'or,
Avec la même ardeur je l'aimerais encor,
Et, pour rendre à tous deux l'existence commune,
Je lui voudrais offrir ma main et ma fortune.

MONSIEUR VALBRAY.

Ce langage est celui que tient tout suborneur.

PAUL.

Monsieur, sachez-le bien, je suis homme d'honneur.
Jamais les sentiments que mes lèvres expriment
Ne sont en désaccord avec ceux qui m'animent;

Et, pour vous faire croire à ma sincérité,
De la position où le sort m'a jeté
Je ne veux maintenant vous faire aucun mystère :
Je n'ai jamais connu mon père, ni ma mère.

MONSIEUR VALBRAY.

Vous êtes orphelin.

PAUL.

    Je suis moins que cela.
Malgré tous mes efforts pour en arriver là,
J'ignore le secret qui couvre ma naissance ;
Du nom de mes parents je n'ai point connaissance,
Et tout ce que je sais, c'est qu'encor nouveau-né,
Par ma mère une nuit je fus abandonné.

MONSIEUR VALBRAY.

Comment ! vous n'avez pas de nom ni de famille,
Et vous osez prétendre à la main de ma fille ?
C'en est trop, et je sens ma patience à bout !

PAUL.

Attendez, s'il vous plaît ; ce n'est pas encor tout.

MONSIEUR VALBRAY.

Finissez-en, monsieur.

PAUL.

    La charité civile
Me recueillit mourant, me fit donner asile,
Et croyant rendre ainsi mon destin moins fatal,

Me conserva la vie au fond d'un hôpital.
Lorsque de le quitter j'eus enfin touché l'âge,
De ma mère on voulut me rendre l'héritage :
J'avais été trouvé porteur d'un anneau d'or ;
On me restitua ce modique trésor.....

MONSIEUR VALBRAY.

Un anneau ? Se peut-il ? Montrez-le-moi bien vite.

PAUL.

Regardez. A le voir c'est moi qui vous invite.

MONSIEUR VALBRAY.

Dois-je en croire mes yeux ? Est-ce une vision ?
Mais, non... je ne me fais aucune illusion ;
Cet anneau, c'est de moi que le reçut ta mère...
Mon fils, mon cher enfant, viens embrasser ton père.

PAUL.

Vous, mon père ! Est-ce vrai ? Quel rêve radieux !

SCÈNE VIII

Les Mêmes, PAUL.

PAULINE.

Que vois-je ? Quel spectacle apparaît à mes yeux ?

MONSIEUR VALBRAY.

Viens, Pauline, viens voir ici mon fils unique ;
Viens admirer le sort, qui, par un coup magique,

M'apprend de quel enfant fut payé mon amour
Par celle à qui j'ai cru que tu devais le jour !
Tu ne te trompais pas, quand ton âme inspirée
Vers lui si vivement se sentait attirée.

PAUL, à Pauline.

Et vous, puisque le sort conspire en ma faveur,
En acceptant ma main, complétez mon bonheur.

PAULINE.

Monsieur, ne tenez plus désormais ce langage ;
Je ne puis avec vous songer au mariage.
Toujours le même obstacle existe entre nous deux ;
C'est vous qui tout à l'heure étiez le malheureux,
C'est moi qui maintenant deviens la misérable.
La situation reste toujours semblable :
Aujourd'hui, comme alors qu'il se croyait le mien,
Votre père entre nous n'admettra nul lien.

MONSIEUR VALBRAY.

Pauline, est-ce bien toi qui parles de la sorte ?
Que le ciel ait mis fin à notre erreur, qu'importe !
Si nous ne sommes pas tous deux du même sang,
Ne nous reste-t-il pas un lien plus puissant ?
Crois-tu sincèrement que, depuis dix années,
A ne penser qu'à toi j'ai passé mes journées,
Pour qu'une découverte arrivée aussi tard
Me fasse tout à coup changer à ton égard ?

Ces dix ans de tendresse et de soins réciproques
Ont entre nous formé des nœuds non équivoques.
Tu demeures ma fille, et c'est en triomphant
Que je te vois par eux être encor mon enfant.

PAULINE.

De votre fils alors vous approuvez la flamme?

PAUL.

Et Pauline à présent peut devenir ma femme?

MONSIEUR VALBRAY.

Vos désirs, mes enfants, comblent mes propres vœux;
Soyez tous deux unis, tous deux soyez heureux.

L'INGRAT

COMÉDIE EN CINQ ACTES, EN VERS

Juin 1859.

PERSONNAGES.

MONSIEUR LANGELET père (Félix). . . . . 58 ans.
MADAME LANGELET (Sophie) . . . . 49 ans.
THÉODORE LANGELET. . . . . 28 ans.
ALBERT MARTIN. . . . . 26 ans.
MADAME LOMBARD . . . . 45 ans.
CAMILLE, fille de Mme Lombard. . . . . 18 ans.
MONSIEUR GAUTHIER (Henri) . . . . 30 ans.
MADAME GAUTHIER (Suzanne). . . . . 24 ans.

La scène est à Paris.

L'INGRAT

ACTE PREMIER

La scène se passe chez M. Langelet.

SCÈNE PREMIÈRE

MONSIEUR LANGELET, MADAME LANGELET, THÉODORE LANGELET.

THÉODORE.
Je suis las de ne voir ici qu'abus énormes.
Il est temps qu'à la fin j'opère des réformes;
Rien ne marche à ma guise et tout va mal...
MADAME LANGELET.
En quoi?
THÉODORE.
Je veux qu'on sache bien qu'on est ici chez moi.
MONSIEUR LANGELET.
Personne ne l'entend autrement, j'imagine.

THÉODORE.

Depuis trois mois je suis docteur en médecine ;
Je veux bien, avant tout écoutant la raison,
Habiter avec vous dans la même maison,
Et, pour vous bien montrer à quel point je vous aime,
Consentir de moi-même à cette gêne extrême ;
Mais, si vous me voyez cette abnégation,
Ce n'est, sachez-le bien, qu'à la condition
De pouvoir commander, sans craindre que personne
Ose se révolter contre ce que j'ordonne.

MONSIEUR LANGELET.

Bien !

MADAME LANGELET.

Il me semble aussi que, suivant ton désir,
Ici tout est réglé selon ton bon plaisir.

THÉODORE.

Tout ! Non, ma mère, non ! Quoi que vous puissiez dire,
Tout dans cette maison n'est pas sous mon empire.

MADAME LANGELET.

Dis-nous donc ce qui manque à ton autorité.

THÉODORE.

Eh bien ! pour vous parler avec sincérité,
Il est ici des gens, que, si j'étais le maître,
Je ne tarderais pas à faire disparaître.

MADAME LANGELET.

De qui veux-tu parler?

THÉODORE.

    De madame Lombard
Et de sa fille, à qui je fais la même part.
Il me faut tous les jours essuyer leur visite.

MONSIEUR LANGELET.

Pour l'avoir, il n'est pas besoin qu'on les invite.

THÉODORE.

La crainte de les voir me tomber sur le dos
Loin d'elles ne me laisse encore aucun repos.

MADAME LANGELET.

Tu peux te dispenser de rester auprès d'elles.

THÉODORE.

La réponse, ma mère, est vraiment des plus belles..
Pour ne pas me sentir par ces dames gêné,
Faut-il que dans un coin je reste confiné?

MONSIEUR LANGELET.

Si chez lui, par hasard, quelque client se montre,
Faut-il qu'à son entrée ensemble il les rencontre?

THÉODORE.

Mon père, taisez-vous. Votre approbation
N'ajoute aucune force à mon assertion.

MADAME LANGELET.

Pourquoi te fâches-tu, mon fils, lorsque ton père
N'a point d'autre désir que celui de te plaire?

THÉODORE.

J'en suis persuadé; mais pourquoi dans ce cas
Me parler de clients, lorsque je n'en ai pas?

MONSIEUR LANGELET.

Oui, j'ai tort; j'aurais dû mieux peser mes paroles.
Mais cela suffit-il pour que tu te désoles?
Tu n'as pas de clients; mais est-ce une raison
Pour qu'ils n'abondent pas bientôt dans la maison?

THÉODORE.

C'est parce qu'ils viendront, je l'espère, en bon nombre,
Que je veux la purger de tout ce qui l'encombre.

MADAME LANGELET.

Tu gardes donc rigueur aux deux dames Lombard?

THÉODORE.

Oui.

MADAME LANGELET.

Tu ne penses pas t'en repentir plus tard?

THÉODORE, *accentuant ses paroles*.

Je ne veux plus les voir.

MADAME LANGELET.

Soit; mais pour quelle cause?

THÉODORE.

Vous ne l'ignorez pas plus que moi, je suppose?

MADAME LANGELET.

Je l'ignore.

THÉODORE.

        Comment? Ne voyez-vous donc pas
Ce que leur caractère a de vil et de bas?

MADAME LANGELET.

Non; la mère me semble une femme agréable.

THÉODORE.

Parce qu'elle vous flatte, elle vous semble affable.
Mais ne voyez-vous pas que, semblable au limier
Qui sait flairer de loin le plus mince gibier,
A peine elle a senti chez vous quelque fortune
Que de soins assidus elle vous importune?
Elle ne connaît point d'autre dieu que l'argent;
Vers le riche attirée, elle fuit l'indigent;
Quels qu'ils soient, le premier pour elle est honnête homme;
Le second ne vaut pas la peine qu'on le nomme.
Son jugement pour base a toujours l'intérêt.

MADAME LANGELET.

Quel portrait tu m'en fais!

THÉODORE.

          Je la peins comme elle est.

MONSIEUR LANGELET.
Et moi qui la connais, je sais que la peinture
Se trouve de tout point conforme à la nature.
THÉODORE.
Vos interruptions, mon père...
MONSIEUR LANGELET.
      Je me tais;
Je voulais confirmer ce que tu nous disais.
MADAME LANGELET.
Il se peut que, chez nous lorsqu'elle se faufile,
Elle soit mue au fond par un triste mobile,
Et qu'en nous fréquentant elle ne rêve rien
Que partager sans bruit avec nous notre bien.
Mais, comme elle se montre à me plaire empressée,
J'aurais mauvaise grâce à scruter sa pensée,
Et, s'il est vrai qu'elle ait peu de sincérité,
Ce défaut par sa fille est assez racheté.
THÉODORE.
Camille, suivant moi, ne vaut guère mieux qu'elle.
MONSIEUR LANGELET.
A la fille la mère a servi de modèle.
MADAME LANGELET, à monsieur Langelet.
Que lui reprochez-vous, Félix?
MONSIEUR LANGELET.
      Rien... si ce n'est...

MADAME LANGELET.

Eh bien! quoi?

MONSIEUR LANGELET.

Je ne sais...

MADAME LANGELET.

Vous êtes un benêt.

MONSIEUR LANGELET.

Allons, ne te mets pas, je t'en prie, en colère.

MADAME LANGELET.

Quand on n'a pas d'idée, il faut au moins se taire.

MONSIEUR LANGELET.

Calme-toi, je me tais; ton fils va t'expliquer
Ce que je ne saurais moi-même t'indiquer.

THÉODORE.

Je n'ai rien pour ma part à dire de Camille,
Sinon que, quels que soient les dons de cette fille,
Je ne veux ni ne puis tolérer plus longtemps
Qu'elle m'apporte ici ses charmes éclatants.

MONSIEUR LANGELET.

D'autant plus qu'aujourd'hui Théodore est dans l'âge
Où l'on doit tout de bon songer au mariage.

THÉODORE.

C'est évident.

MADAME LANGELET.
                    Veuillez me dire au moins comment
Cela pourrait gêner son établissement.
            MONSIEUR LANGELET.
C'est que, s'il arrivait qu'on eût dans la pensée
Que Camille pût être un jour sa fiancée,
Il ne faudrait peut-être aucune autre raison
Pour faire aux bons partis éviter la maison.
                THÉODORE.
Camille enfin pour moi pourrait être une entrave :
J'entends d'avance y mettre ordre.
            MADAME LANGELET.
                            La chose est grave!
Je dois, mon cher enfant, t'avouer humblement
Que je ne songeais pas à ce désagrément.
Ta perspicacité me confond et m'oblige
A soumettre la mienne à tout ce qu'elle exige.
                THÉODORE.
A la bonne heure!
            MONSIEUR LANGELET.
                    Ainsi nous sommes tous d'accord?
            MADAME LANGELET.
Oui, si de votre fils pourtant j'obtiens d'abord
Une concession sur laquelle j'insiste.

THÉODORE.

Laquelle?

MADAME LANGELET.

C'est qu'Albert, pour compléter la liste,
Se trouve aussi compris dans la proscription.

THÉODORE.

Je n'osais ajouter cette concession
A celle que j'avais moi-même demandée :
Elle vous est par moi de bon cœur accordée.

MONSIEUR LANGELET.

Et moi, si vous voulez mon approbation,
Je signe des deux mains sa condamnation.
C'est un petit faquin qui se croit quelque chose...

THÉODORE.

Et qui n'est, après tout, qu'un avocat sans cause.

MADAME LANGELET.

Un petit polisson qui se moque aujourd'hui
Du soin que trop longtemps nous avons eu de lui.

THÉODORE.

Parce qu'un agréé l'a pris pour secrétaire,
Il fait plus l'important qu'un prince héréditaire,
Et ses airs familiers feraient penser, ma foi!
Qu'il se croit de beaucoup supérieur à moi.

MONSIEUR LANGELET.

C'est vrai! ta patience est avec lui trop grande.

THÉODORE.

En vrai maître chez nous il s'érige et commande ;
Je ne suis plus chez moi, quand je le vois ici.
Non, cela ne peut pas continuer ainsi.
Qu'on s'y prenne avec lui comme on voudra, n'importe !
Mais à tout prix, il faut qu'on le mette à la porte.

MADAME LANGELET.

Et qui donc te défend de lui faire savoir
Que tu ne le peux plus désormais recevoir?

THÉODORE.

Ce qui me le défend, ce sont les convenances :
Je désire et je dois sauver les apparences.
C'est lorsque nous étions au collège enfermés,
Que de notre amitié les nœuds se sont formés.

MONSIEUR LANGELET.

Quoiqu'à votre projet en rien je ne m'oppose,
Je crois qu'il ne faut pas pourtant brusquer la chose.

MADAME LANGELET.

Pourquoi?

MONSIEUR LANGELET.

    Ne sais-tu pas que de notre procès
Il tient seul dans ses mains peut-être le succès?

MADAME LANGELET.

C'est juste : j'oubliais cette fâcheuse affaire
De vos produits qu'on a tenté de contrefaire.

MONSIEUR LANGELET.

Le tribunal l'ayant mise en délibéré,
Albert, qui la connaît mieux que son agréé,
Devant le magistrat commis pour nous entendre
Au premier jour ira lui-même nous défendre.
Avant que d'en avoir appris le résultat,
Il faut donc éviter de faire aucun éclat.

THÉODORE.

Soit!

MADAME LANGELET.

Puisque ce procès est proche d'une issue,
Je veux bien différer; mais, quand nous l'aurons sue,
Je vous le conduirai lestement hors d'ici.

MONSIEUR LANGELET.

Et tu feras fort bien.

THÉODORE.

Silence! Le voici.

SCÈNE II

Les Mêmes; ALBERT MARTIN.

MADAME LANGELET.

Ce cher Albert!

ALBERT.

C'est moi! c'est votre ami fidèle
Qui vient vous apporter une heureuse nouvelle!

MONSIEUR LANGELET.

Laquelle?

ALBERT.

Le procès sur votre ordre engagé
Selon votre désir est maintenant jugé.

MONSIEUR LANGELET.

Vraiment, mon cher enfant! tu me combles de joie;
Sans nul doute vers moi c'est le ciel qui t'envoie.

ALBERT.

Puissiez-vous dire vrai!

MONSIEUR LANGELET.

Quelle est donc la teneur
De ce beau jugement dont te revient l'honneur?

ALBERT.

Votre prétention est tout entière admise.

MONSIEUR LANGELET.

Quoi! j'aurais obtenu, grâce à ton entremise,
Un jugement portant pour condamnation
Quatre-vingt mille francs en réparation
Du tort que m'a causé mon adverse partie?...

ALBERT.

Et pour que rien ne manque au gain de la partie,
Extrait du jugement dans quatorze journaux
Tant métropolitains que départementaux,

L'INGRAT

Prise de corps, dépens, impenses accessoires
Et, même en cas d'appel, mesures provisoires.

MONSIEUR LANGELET.

Quatre-vingt mille francs! Je suffoque d'émoi.

ALBERT.

Vous pouvez être heureux, mais pas autant que moi.

MONSIEUR LANGELET.

Tendre ami!

MADAME LANGELET, à Théodore.

   Mon enfant, son amitié sincère
Exige qu'en retour tu l'aimes comme un frère.

THÉODORE.

Ce désir me paraît trop naturel

ALBERT.
       Aussi
Nous nous aimons déjà depuis longtemps ainsi,
Et nous nous chérissons, n'est-ce pas, Théodore,
Aujourd'hui, s'il se peut, plus qu'autrefois encore.

THÉODORE.

Je le crois.

ALBERT.

  J'en suis sûr.

THÉODORE, à part.

    Tu te trompes.

ALBERT.
                              Le temps
Ne peut qu'avoir rendu nos nœuds plus consistants.
THÉODORE.
D'une vraie amitié c'est l'effet ordinaire.
MONSIEUR LANGELET.
Et la tienne n'a pas cessé d'être sincère.
ALBERT.
Allons, ne laissons pas l'émotion venir ;
Bientôt nous n'allons plus pouvoir la contenir.
A propos, autre chose : il n'est point de fortune
Qui n'en amène au moins avec elle encore une.
C'est demain, vous savez, la Pentecôte.
MADAME LANGELET.
                              Et puis ?
ALBERT.
J'ai deux jours de congé, que, s'il vous plaît, je puis
Vous consacrer, et si, comme je le suppose,
De monsieur Langelet l'usine se repose,
Je ne vois pas pourquoi nous ne partirions pas
Pour prendre à la campagne ensemble nos ébats.
Ce projet vous va-t-il, monsieur Langelet ?
MONSIEUR LANGELET.
                              Dame !
Il ne me déplaît pas, s'il convient à ma femme.

MADAME LANGELET.

Il me convient fort bien.

ALBERT.

               A la bonne heure! Et toi?

THÉODORE, froidement.

J'ai beaucoup de travail et peu d'instants à moi.

ALBERT.

Je n'admets pas, mon cher, une excuse pareille :
Tu te rattraperas par une nuit de veille.
Tu viens, c'est entendu,

THÉODORE, froidement.

           Je ne puis.

ALBERT.

                   Franchement
Tu peux bien arrêter tes travaux un moment.

MADAME LANGELET, bas à Théodore.

Ne lui résiste pas, consens.

THÉODORE.

               Ton insistance
Me contraint de ne plus faire de résistance.

ALBERT.

Parbleu! J'étais certain que je l'emporterais!
Maintenant, vite, amis, faites tous vos apprêts;
Je vous accorde une heure, et vais, dans l'intervalle,
Annoncer à Gauthier votre chance infernale.

Vous savez l'intérêt qu'il porte à ce procès ;
Nous lui devons apprendre au moins votre succès.
    MONSIEUR LANGELET.
C'est juste.
    ALBERT.
     Commencez vos apprêts tout de suite ;
Je serai pour ma part exact à l'heure dite.

SCÈNE III

MONSIEUR LANGELET, MADAME LANGELET,
THÉODORE LANGELET.

    THÉODORE.
Ma mère, j'ai promis tout ce qu'il vous a plu ;
Mais à ne point sortir je suis bien résolu.
    MONSIEUR LANGELET.
Puisque enfin nous avons obtenu gain de cause,
Pour ménager Albert, nous n'avons plus de cause.
    MADAME LANGELET.
Sans doute, et je voudrais trouver dès aujourd'hui
Un moyen spécieux de m'affranchir de lui ;
Mais encore faut-il, pour que ce soit possible,
Que j'en aperçoive un qui du moins soit plausible.
    THÉODORE.
Pourquoi ?

MADAME LANGELET.
Parce qu'aux yeux du monde il faut d'abord
Paraître avoir raison, lors même qu'on a tort.
THÉODORE.
Cela n'est pas, je crois, chose très difficile.
MADAME LANGELET.
C'est vrai; mais il se peut qu'un prétexte futile
Ne réussisse pas selon notre désir.
Je connais bien Albert; il sait se contenir,
Et si je lui reproche un tort imaginaire,
Il le reconnaîtra pour éviter la guerre.
THÉODORE.
Tout cela me paraît raisonné sagement,
Mais n'atténue en rien mon premier sentiment.
Je veux être roué, si jamais j'accompagne,
Pendant deux mortels jours, Albert à la campagne,
Et j'entends que la chose, en dépit de son art,
Soit avec lui réglée avant notre départ.
MADAME LANGELET.
Tu seras satisfait. Sois sans inquiétude;
J'accomplirai ma tâche, encor qu'elle soit rude.
Seulement, pour m'aider à sortir d'embarras,
Des deux dames Lombard seul tu te chargeras.
THÉODORE.
Soit. Mais au plus pressé d'abord je m'intéresse,

Et c'est avec Albert que la rupture presse.
Les deux dames Lombard, pour avoir attendu,
S'apercevront plus tard qu'elles n'ont rien perdu.

MADAME LANGELET.

C'est bien! Albert aura, j'espère, avant une heure,
Définitivement quitté notre demeure.

THÉODORE.

J'y compte, et je ne fais aucun préparatif.

SCÈNE IV

MONSIEUR LANGELET, MADAME LANGELET.

MADAME LANGELET.

Si pour rester ici vous n'avez nul motif,
Je ne vous retiens pas, Félix.

MONSIEUR LANGELET.

Chère Sophie,
Pour moi ta prévenance est vraiment infinie.

MADAME LANGELET.

De prévenance il n'est nullement question,
Et vous vous méprenez sur mon intention.
Albert va revenir, et, pour vous en défaire,
Je me tirerai mieux toute seule d'affaire.

L'INGRAT

MONSIEUR LANGELET.

Je n'ai qu'à m'incliner devant cette raison.

MADAME LANGELET.

On sonne! C'est sans doute Albert qui revient.

MONSIEUR LANGELET.

Non.
C'est madame Lombard qu'accompagne Camille.

MADAME LANGELET.

Que la peste extermine et la mère et la fille!

MONSIEUR LANGELET.

Je m'en vais.

MADAME LANGELET.

Demeurez. C'est le diable vraiment
Qui me les expédie en ce fâcheux moment.

SCÈNE V

Les Mêmes, MADAME LOMBARD, CAMILLE.

MADAME LANGELET.

Que je suis enchantée et qu'il m'est agréable
De recevoir de vous cette visite aimable,
Chère madame!

MADAME LOMBARD.

    Et moi, j'aurais voulu pouvoir
Venir avec Camille un peu plus tôt vous voir.

MADAME LANGELET.

Vous vous êtes toujours toutes deux bien portées ?

MADAME LOMBARD ET CAMILLE.

Très bien.

MADAME LANGELET.

    Quel incident vous a donc arrêtées ?

MADAME LOMBARD.

Je vous dirai cela.

MADAME LANGELET.

    Si cette question
Vous semble contenir quelque indiscrétion,
Je ne la maintiens pas.

MADAME LOMBARD.

     Quand par vous elle est faite,
Aucune question ne peut être indiscrète.
Vous prenez trop à cœur mes propres intérêts
Pour que je puisse avoir pour vous aucuns secrets.

MADAME LANGELET.

Vous êtes trop polie.

MADAME LOMBARD.

    Et vous trop scrupuleuse.

MADAME LANGELET.
Chère amie, entre nous la louange est oiseuse.
MADAME LOMBARD.
Ainsi que vous, je crois que nous nous connaissons
Assez pour nous parler sans les moindres façons,
Chère madame; aussi, comme de brusquerie,
M'abstiens-je à votre égard de toute flatterie.
MADAME LANGELET.
C'est vrai! vous êtes franche, et, je le reconnais,
Vous parlez sans détour et ne flattez jamais.
MADAME LOMBARD.
A la conformité de nos deux caractères
Nous devons faire honneur de rapports si sincères.
MADAME LANGELET, à part.
Comment ferais-je bien pour m'en débarrasser?
MADAME LOMBARD.
N'êtes-vous pas aussi portée à le penser?
MADAME LANGELET.
Certe, et lorsqu'avec vous doucement je confère,
J'éprouve le plaisir le plus grand de la terre.
MADAME LOMBARD.
Et j'ai ma bonne part de votre grand plaisir.
MADAME LANGELET.
Voici l'été qui vient; nous pourrons à loisir,

Sous l'abri verdoyant des tonnelles fleuries,
Reprendre à mon jardin nos bonnes causeries.

MADAME LOMBARD.

Quel bonheur que d'avoir un jardin sous la main!

MADAME LANGELET.

C'est un bonheur qu'on trouve au faubourg Saint-Germain.

MONSIEUR LANGELET.

Nos arbres ont partout déployé leur feuillage.

MADAME LANGELET.

Voulez-vous en goûter quelques instants l'ombrage?

MADAME LOMBARD.

Oui.

MADAME LANGELET.

Félix, à madame offrez donc votre bras.
Je donne un ordre ou deux et vous rejoins en bas.

SCÈNE VI

MADAME LANGELET, seule.

Ouf! Me voilà donc seule, et ce n'est pas sans peine.
Enfin, Dieu soit loué! personne ne me gêne.
Albert peut maintenant arriver; je l'attends.
Je m'en vais lui régler son compte en peu de temps.

Pourtant faut-il encor, pour lui chercher querelle,
Invoquer une cause apparente ou réelle.
Il vient de nous servir puissamment aujourd'hui;
Je ne suis point fondée à me plaindre de lui,
Et si je chérissais un peu moins Théodore,
Comme par le passé, je l'aimerais encore.
Sans doute à le haïr je ne songerais pas,
S'ils me semblaient tous deux marcher du même pas.
Mais, quoique plus d'écueils hérissent sa carrière,
Albert laisse bien loin Théodore en arrière.
C'est là le seul motif des sentiments haineux
Dont nous sommes pour lui dévorés tous les deux,
Et qui, pour s'exhaler avec pleine assurance,
Chez moi de la franchise empruntent l'apparence.
Pour rompre, je n'ai donc nul motif sérieux;
Mais j'en trouverai bien du moins un spécieux,
Et s'il me fait défaut, recourant aux injures,
Je l'amènerai bien à des paroles dures.
C'est tout ce qu'il me faut pour lui donner les torts.
Oui, mais j'ai déjà fait d'inutiles efforts :
Par sa soumission, sincère ou calculée,
J'ai vu toutes les fois mon œuvre reculée.
Comment donc parvenir au but auquel je tends?

SCÈNE VII

MADAME LANGELET, ALBERT MARTIN.

ALBERT.

Notre projet éprouve un fâcheux contretemps,
Madame.

MADAME LANGELET, à part.

Bien ! (haut.) Lequel ?

ALBERT.

Gauthier s'est mis en tête
De donner ce soir même une petite fête.

MADAME LANGELET.

Et puis ?

ALBERT.

Il a si bien insisté pour m'avoir
Que j'ai dû me lier envers lui pour ce soir.

MADAME LANGELET.

Et notre promenade ?

ALBERT.

Elle est aventurée,
Ou du moins elle va se trouver différée.

MADAME LANGELET.

C'est fort bien !

ALBERT.

Je n'ai pas manqué de lui parler
De tout ce qui pouvait servir à l'ébranler.

J'ai dit que, de Paris fuyant le bruit extrême,
Nous devions pour deux jours partir à l'instant même,
Et, pour en revenir ensuite plus dispos,
Goûter à la campagne un moment de repos;
J'ai dit que vous deviez commencer à m'attendre
Et qu'à tout prix chez vous il me fallait me rendre;
J'ai dit,... enfin j'ai dit ce qu'a pu m'inspirer
Le désir de pouvoir avec vous demeurer.
MADAME LANGELET.
Quoi que vous ayez dit, ce que je vois, en somme,
C'est que vous avez fait ce qu'a voulu cet homme.
ALBERT.
Autant que je l'ai pu, je me suis défendu;
Mais j'ai dû lui céder, lorsqu'il m'a répondu
Que vous assisteriez vous-même à sa soirée.
MADAME LANGELET.
Moi-même! Votre ruse est bien mal colorée,
Et vous avez vraiment peu d'estime pour moi,
Si vous pensez qu'on trompe ainsi ma bonne foi.
Vous figurez-vous donc que j'ai perdu la tête,
Pour feindre d'avoir cru que j'irais à sa fête?
Évitez avec moi ces détours superflus;
Dites-moi franchement que vous n'entendez plus
Dans vos amis d'hier voir aujourd'hui les vôtres,
Et que vous les laissez pour courir après d'autres.

ALBERT.

Qu'entends-je? Est-ce bien vous qui me parlez ainsi?

MADAME LANGELET.

C'est moi-même.

ALBERT.

De grâce, à quoi bon tout ceci?
Ne savez-vous donc pas que, pour la voir suivie,
Vous n'avez qu'à me dire en deux mots votre envie?
Si j'avais cru vous faire un pareil déplaisir,
J'aurais de mon ami repoussé le désir,
Et ce que j'aurais fait, je puis encor le faire.

MADAME LANGELET.

Non, non, vous savez bien qu'avant tout je préfère
Me priver du bonheur que je m'étais promis
A gêner, pour l'atteindre, un seul de mes amis.
Je ne suis nullement, je le vois, la compagne
Qu'il vous faut pour passer deux jours à la campagne.
Si, par respect humain, avec nous vous partiez,
Je ne parviendrais pas, à force d'amitiés,
A vous faire oublier que vos condescendances
Vous ont fait à Paris manquer des contredanses.

ALBERT.

Vous me fendez le cœur; je vous en prie, assez.
Depuis près de huit ans que vous me connaissez,

L'INGRAT

Je n'ai point été libre une seule journée
Sans l'avoir à vous seule entièrement donnée.
Après avoir perdu mes bien-aimés parents,
Je quittai le lycée, âgé de dix-neuf ans.
J'en avais vu sortir avant moi Théodore ;
Hors des lieux qui l'avaient autrefois vue éclore,
Notre douce amitié, loin de s'atrophier,
Ne pouvait dans nos cœurs que se fortifier.
Par lui j'en arrivai bientôt à vous connaître,
Et bientôt, subjugué par votre façon d'être,
En vous il me sembla que j'avais retrouvé
Les parents dont j'avais été si tôt privé ;
Théodore pour moi devint dès lors un frère,
Et vous, je vous aimai comme on aime une mère.
Le foyer paternel depuis longtemps perdu
M'ayant été chez vous par vous-même rendu,
J'ai, huit ans, près de vous et loin des bruits du monde,
De mes trop courts loisirs passé chaque seconde.
Le monde s'irrita de se voir écarté
D'une proie enlevée à son avidité ;
Plus d'une fois ses cris ont frappé mon oreille ;
Plus d'une fois j'ai pu l'écouter à merveille
Donnant ouvertement à ma fidélité
Un travestissement plein de méchanceté.
Le cœur à plus d'un autre aurait manqué peut-être ;

Mais je vous vénérais trop pour vous méconnaître,
Et quelqu'affronts qu'il m'ait ainsi fait éprouver,
J'ai, sans m'en émouvoir, toujours su les braver.
Pour moi vous êtes tout, à tout je vous préfère ;
Donnez-moi votre main, embrassons-nous, ma mère.

MADAME LANGELET.

Non, non, il est trop tard : plus de mots superflus ;
A vos grands sentiments, monsieur, je ne crois plus.
Trop longtemps avec eux vous m'avez abusée ;
Mais j'ai pu lire enfin dans votre âme rusée.
Le monde avait raison, le monde vous connaît :
Vous ne nous fréquentiez que dans votre intérêt.

ALBERT.

Vous voyez bien pourtant les larmes que je verse ;
En répandrais-je tant, si mon âme perverse
Voulait réellement vous induire en erreur ?

MADAME LANGELET.

Vous êtes un *ingrat !* Vous me faites horreur !

SCÈNE VIII

ALBERT MARTIN, seul.

Je suis anéanti ! Quoi que je puisse faire,
Je suis presque toujours certain de lui déplaire.
Il en était pourtant jadis différemment.
D'où peut donc provenir ce triste changement ?

A mon égard pourquoi n'est-elle plus la même?
Elle n'ignore pas jusqu'à quel point je l'aime,...
Et je n'en suis pas moins, sans aucune raison,
Obligé de quitter pour jamais sa maison.
Du foyer paternel j'y retrouvais l'image,
Et voilà qu'il m'en faut sortir! Allons, courage!...
Je suis bien malheureux!

SCÈNE IX

ALBERT MARTIN, CAMILLE.

CAMILLE.
     Vous, malheureux, Albert?
Pour être si chagrin, qu'avez-vous donc souffert?

ALBERT.
Camille! Quoi! c'est vous?

CAMILLE.
     Oui, mon ami, moi-même.
Mais pourquoi donc vous vois-je en ce désordre extrême?

ALBERT.
Ah! pour l'amour de Dieu, ne m'interrogez pas.
Mais vous, qui vous conduit seule ici sur mes pas?

CAMILLE.
J'arrive du jardin, où j'ai laissé ma mère
Se promener avec monsieur Langelet père.

Et je viens pour savoir ce qui peut retenir
Madame Langelet, qui devait y venir.
C'est tout à l'heure ici que nous l'avions laissée,
Et j'ignore comment elle s'est éclipsée.
Mais encore une fois, qu'avez-vous?

ALBERT.

Je n'ai rien.

CAMILLE.

Vous n'êtes pas sincère, Albert; ce n'est pas bien.
Quoi que vous en disiez, vous avez quelque chose;
Si vous m'aimiez, déjà j'en connaîtrais la cause.

ALBERT.

Si je vous aime, moi! Pouvez-vous en douter?
Ai-je jamais cessé de vous le répéter!
Et, quand ma bouche était contrainte de se clore,
Mes yeux ont-ils manqué de vous le dire encore?
N'avez-vous donc pas vu le feu de mon amour
A votre doux contact grandir de jour en jour!

CAMILLE.

Vous n'osez plus nier que vous n'ayez des peines;
Pourquoi donc employer ces réticences vaines?

ALBERT.

Parce qu'il suffit bien que je souffre tout seul,
Et que je ne veux pas dans le même linceul
Ensevelir ensemble et votre âme et la mienne.

CAMILLE.

Quelque grande que soit la douleur qui vous tienne,
Je souffrirai bien moins, si j'en sais le motif.

ALBERT.

En me questionnant, à mon mal primitif
Vous ajoutez le mal plus douloureux encore
De contrister en vous la femme que j'adore.

CAMILLE.

Puisque vous m'adorez, montrez-le moi : parlez.

ALBERT.

Je ne puis satisfaire à ce que vous voulez.

CAMILLE.

Albert, mon cher Albert! C'est moi qui vous en prie.

ALBERT.

Je ne puis.

CAMILLE.

Vous partez! Ah! quelle barbarie!

SCÈNE X

CAMILLE, seule.

D'où peut donc lui venir un si profond chagrin?
Quel malheur assombrit son front toujours serein?
De son trouble pourquoi me cache-t-il la cause?
Est-ce qu'il s'ourdirait contre nous quelque chose?

Vais-je rester longtemps dans cette anxiété?
Oh! non; je connaîtrai bientôt la vérité.
Mais ma mère m'attend; je retourne vers elle.

SCÈNE XI

CAMILLE, THÉODORE LANGELET.

CAMILLE.

Monsieur, je vous salue.

THÉODORE, d'un ton ennuyé et bourru.

Et moi, mademoiselle...

CAMILLE.

Achevez, s'il vous plaît.

THÉODORE.

Je vous salue aussi.

CAMILLE.

De quel ton singulier vous me dites ceci!

THÉODORE.

Je vous le dis du ton qu'il me convient de prendre,
Et je n'ai pas, je crois, de comptes à vous rendre.

CAMILLE.

Pensez-vous que je manque assez de sens commun
Pour que de vous je veuille en réclamer aucun?
Vous ne m'avez jamais, monsieur, vue indiscrète;
Mais, sans rendre de compte, on peut bien être honnête.

THÉODORE.

Je n'ai pas de leçons à recevoir de vous.
Je suis ici chez moi, mademoiselle, et tous
Ceux qui seront blessés de ma manière d'être,
Pour ne plus en souffrir, n'auront qu'à disparaître.

CAMILLE.

Voilà ce qui s'appelle une invitation
Remarquable surtout par sa précision,
Et comme de vous voir je voulais me défendre,
Je suis on ne peut plus heureuse de m'y rendre.

THÉODORE.

Vous faites bien.

SCÈNE XII

THÉODORE LANGELET, seul.

Voilà le tour joué. Je crois
Qu'elle ne pense plus revenir cette fois,
Et quand sa mère aura connu notre querelle,
Il faudra qu'elle reste également chez elle.
Quand j'avais pour Camille un véritable amour,
Elle n'a pas voulu le payer de retour ;
Mes protestations, cent fois recommencées,
Par ses froideurs cent fois ont été repoussées.
Avec rage elle a vu qu'éludant tout hymen,
J'aspirais à son cœur sans accepter sa main ;

Et quand je n'arrivais qu'à m'attirer sa haine,
Jusqu'à son âme Albert se faufilait sans peine.
Aujourd'hui je la hais, et je hais dans Albert
Le rival qui me vaut l'échec que j'ai souffert.
Mais je suis satisfait; j'ai d'eux tiré vengeance :
Je me suis délivré de leur maudite engeance.

SCÈNE XIII

MONSIEUR LANGELET, MADAME LANGELET, MADAME LOMBARD, THÉODORE LANGELET.

MADAME LOMBARD.

Cet excellent monsieur Théodore! Vraiment
Je suis on ne peut plus... Comme il sort brusquement!

SCÈNE XIV

MONSIEUR LANGELET, MADAME LANGELET, MADAME LOMBARD.

MADAME LOMBARD.

Qu'a-t-il donc?

MADAME LANGELET.

      Presque rien. Chez lui cette attitude
Est l'ordinaire effet de la sollicitude,
Et, si vous l'avez vu le front triste et rêveur,
C'est qu'il a d'un client pris le mal trop à cœur.

MONSIEUR LANGELET.

Pour ses clients tel est son dévoûment extrême
Qu'à leur place il voudrait pouvoir souffrir lui-même.

MADAME LOMBARD.

C'est bien rare et vraiment cette abnégation
Ne saurait exciter trop d'admiration.

MONSIEUR LANGELET.

C'est qu'il est, voyez-vous, le portrait de sa mère.

MADAME LANGELET, rougissant.

Mon ami!...

MADAME LOMBARD.

        Je vous fais mon compliment sincère
A tous deux. Vous devez vous trouver bien heureux
D'avoir un fils doué d'instincts si généreux.

MADAME LANGELET.

Certe, et vous en seriez, madame, encor plus sûre,
Si vous connaissiez mieux le fond de sa nature.

MADAME LOMBARD.

J'ai su l'apprécier à sa juste valeur.

MONSIEUR LANGELET.

Cet hommage, madame, est bien doux à mon cœur.

MADAME LANGELET.

A propos, par où donc a pu passer Camille?

MADAME LOMBARD.

En même temps que vous je songeais à ma fille ;
Elle avait dû venir ici pour vous chercher.

MADAME LANGELET.

Où donc a-t-elle pu par hasard se cacher?
Ah! je vois ; nous faisons des tours de passe-passe :
Camille, tout à l'heure, en poursuivant ma trace,
S'est croisée avec moi, quand je sortais d'ici,
Et jugeant que peut-être il en était ainsi,
Elle est pour le jardin sans doute repartie,
Mais n'a pu s'y trouver qu'après notre sortie.

MADAME LOMBARD.

Votre explication me tranquillise un peu.
Je n'ai rien pour Camille à craindre en pareil lieu.
La garde d'une enfant est chose délicate ;
Mais je vais m'affranchir de cette tâche ingrate :
Ma fille se marie...

MADAME LANGELET.

  A qui donc?

MADAME LOMBARD.

     A celui
Que pour elle de vous je réclame aujourd'hui.

MADAME LANGELET.

De qui prétendez-vous parler?

MADAME LOMBARD.

     D'Albert lui-même.

MADAME LANGELET.

D'Albert? Pour se donner à la femme qu'il aime,
Albert n'a pas besoin de mon adhésion.

MADAME LOMBARD.

C'est juste, à la rigueur. Mais par l'affection
N'avez-vous pas sur lui tous les droits d'une mère?
Et quand il se verrait devant monsieur le maire,
A Camille jamais oserait-il s'unir,
Si vous n'étiez pas là du moins pour le bénir.
Vous assisterez donc ce soir aux fiançailles,
Et, quinze ou seize jours après, aux épousailles.

MADAME LANGELET.

Comment! il se marie et ne m'instruit de rien!
Voyez-vous le sournois, comme il se conduit bien?

MADAME LOMBARD.

Comme à l'heure qu'il est il ignore la chose,
Pour vous plaindre de lui vous n'avez nulle cause.

MADAME LANGELET.

Il ne sait pas encor qu'il va se marier?

MADAME LOMBARD.

Il l'ignore. Pour lui c'est son ami Gauthier
Qui, sans l'en avertir, m'a demandé Camille.

MADAME LANGELET.
Mais d'abord savez-vous s'il pense à votre fille?
MADAME LOMBARD.
Oui; si monsieur Gauthier n'en eût été certain,
Il ne fût pas venu me demander sa main.
Comme cette demande était pressante, et comme
Albert, au demeurant, est un parfait jeune homme...
MADAME LANGELET.
Vous avez consenti?
MADAME LOMBARD.
Sans me faire prier.
MADAME LANGELET, d'un ton fâché.
Fort bien!
MADAME LOMBARD, d'un ton patelin.
Cela vous semble un peu contrarier?
MADAME LANGELET.
Non.
MADAME LOMBARD, minaudant.
Si ce mariage était, par impossible,
A vos intentions un obstacle nuisible,
Cet obstacle pourrait encore être éloigné :
Je ne suis pas liée, et je n'ai rien signé.
MADAME LANGELET.
Je ne vous comprends pas, et je ne sais quelles vues
Vous vous imaginez que je puisse avoir eues.

MADAME LOMBARD, à part.
Au moins je sais à quoi maintenant m'en tenir.
(Haut.) C'est juste, j'étais folle et dois en convenir.
Allons, n'en parlons plus et ménageons ma honte,
Pour ce soir, sur vous deux vous savez que je compte ?

MADAME LANGELET.
N'ayant encor reçu nulle invitation,
Je ne puis vous parler de mon intention.

MADAME LOMBARD.
Quoiqu'il fût superflu de vous en faire aucune,
Monsieur Gauthier a dû vous en adresser une.
Si ce n'est pas assez, il va venir vous voir.
C'est donc bien convenu, je vous attends ce soir.

SCÈNE XV

MONSIEUR LANGELET, MADAME LANGELET

MONSIEUR LANGELET.
Eh bien ! que disons-nous et que penses-tu faire ?

MADAME LANGELET.
De grâce, laissez-moi, Félix ; c'est mon affaire.

SCÈNE XVI

Les Mêmes, THÉODORE LANGELET.

THÉODORE.
Enfin vous voilà seuls; ce n'est pas malheureux.
Avez-vous travaillé comme il faut tous les deux?

MADAME LANGELET.
Albert a délogé sans tambour ni trompette.

THÉODORE.
Tout va bien; grâce à Dieu, notre maison est nette;
Car je dois vous apprendre aussi que, pour ma part,
J'en ai déraciné les deux dames Lombard.

MADAME LANGELET.
C'est être expéditif, et je te félicite;
Mais une autre nouvelle en ce moment m'agite:
Par madame Lombard n'ai-je pas découvert
Qu'à sa fille Gauthier veut marier Albert?

THÉODORE.
Comment! Albert, qui n'a même pas de famille,
Sans trouver plus d'obstacle, épouserait Camille?

MADAME LANGELET.
Oui; madame Lombard m'a de plus fait savoir
Qu'on va les fiancer chez Gauthier dès ce soir.

THÉODORE.

Ce soir! Ah! c'est trop fort!

MADAME LANGELET.

Par elle tout à l'heure
J'ai de n'y pas manquer été mise en demeure.

THÉODORE, tirant un billet de sa poche.

Je comprends maintenant dans quelle intention
Gauthier nous a lancé cette invitation.
Lisez, et vous verrez comment il nous invite.

MADAME LANGELET, après avoir lu.

Il aurait pu sans peine être plus explicite.

THÉODORE.

Si de ses protégés Gauthier ne parle point,
C'est qu'il n'a pas en nous confiance en tout point.
Mais à mieux se cacher encore je l'engage.

MONSIEUR LANGELET.

Pourquoi, mon cher enfant, tenir un tel langage?
Ne te suffit-il pas de t'être affranchi d'eux?
Que t'importe à présent qu'ils s'unissent tous deux?

THÉODORE.

Il m'importe pourtant qu'à leurs nœuds on s'oppose.

MONSIEUR LANGELET.

Si la bru te plaisait, je comprendrais la chose;
Mais tu ne te sens pas pour elle un goût bien vif.

THÉODORE.
Veuillez me dispenser d'expliquer mon motif.

MADAME LANGELET, à monsieur Langelet.
Ne comprenez-vous pas qu'il est intolérable
Que Théodore avec son talent admirable
Voie Albert, bien moins riche et plus jeune que lui,
Prendre, malgré cela, les devants aujourd'hui?

THÉODORE.
Ma mère, je n'ai pas besoin que ma pensée
Soit de cette façon par vous outrepassée.
Je n'entends pas ainsi qu'on en sonde le fond,
Et qu'on tente d'entrer dans les raisons qui font
Que je veux empêcher leur prochain mariage.

MONSIEUR LANGELET.
L'empêcher ne serait peut-être pas fort sage.

THÉODORE.
Pourquoi donc?

MADAME LANGELET.
Dites-nous pourquoi plus clairement.

MONSIEUR LANGELET.
Lorsque j'y réfléchis, je regrette vraiment
Que nous ayons si tôt mis Albert à la porte.
Il nous eût une fois encor prêté main-forte.
Pour te poser, mon fils, près notre tribunal
De toi je voudrais faire un médecin légal.

Étudiant, Albert, sur les bancs de l'école,
S'était fait un ami dont il était l'idole
Et qui lui-même était le fils du président.
A cette fonction, de cet ami s'aidant,
Il aurait pu te faire arriver, Théodore ;
Peut-être voudrait-il la demander encore.

THÉODORE.

Mon père, y songez-vous, quand je veux avant tout
Déjouer son projet, en frappant un grand coup?

MONSIEUR LANGELET.

C'est toi-même, mon fils, qui dans cette réponse
Ne songe pas aux mots que ta bouche prononce.

THÉODORE.

Ah! vous me fatiguez.

MADAME LANGELET.

Et si je pouvais, moi,
Entraver l'union et t'acquérir l'emploi?

THÉODORE.

Alors... j'accepterais.

MADAME LANGELET.

Albert donc, quoi qu'il fasse,
Ne se mariera pas et t'obtiendra la place.

ACTE DEUXIÈME
La scène se passe chez M. Gauthier.

SCÈNE PREMIÈRE

SUZANNE, seule.

Ma toilette est donc faite, et je puis maintenant
Faire de mon salon l'honneur à tout venant.
Mais évertuez-vous à comprendre les hommes?
Dans quelle intention, à l'époque où nous sommes,
Henri, qui n'aime pas beaucoup à recevoir,
S'est-il imaginé de donner bal ce soir?
Et pourquoi n'inviter que des gens détestables,
Les deux dames Lombard, femmes insupportables,
Et monsieur Langelet, qui, pour son plus grand bien,
Est mené par sa femme en laisse comme un chien,
Et leur fils Théodore, homme au cœur hypocrite,
Dont la fausse douceur sur son visage écrite
Sert de masque commode aux instincts les plus bas.
Il affecte surtout les vertus qu'il n'a pas :

L'INGRAT

Dans le monde sans cesse il fait le philanthrope,
Mais le bonheur d'autrui le met presque en syncope.
Il se pose partout en homme vertueux,
Il censure tout haut les gens voluptueux,
Pour moi devant les tiers sa réserve est extrême,
Et, s'il me trouve seule, il me jure qu'il m'aime.
Aussi je le déteste et lui porte, en retour,
Une haine plus grande encor que son amour.
Je compte heureusement qu'Albert par sa présence
Va me distraire un peu de cette affreuse engeance :
Il est bon, lui; son cœur est tendre et généreux;
De toutes les vertus il est l'emblême heureux.
Bienheureuse la femme à qui le ciel le garde!..
Mais malheureuse aussi celle qui se hasarde
A laisser pénétrer dans son cœur imprudent
Le feu mystérieux de son regard ardent!
Elle doit éprouver une atroce souffrance,
Si son amour pour lui reste sans espérance,
Ou si, pour demeurer fidèle à son devoir,
Elle n'ose, en l'aimant, le lui faire savoir!...
Et voilà cependant la douleur que j'endure...
Mais j'ai de mon courage épuisé la mesure...
Il faut... Qu'allais-je dire?... Albert! Remettons-nous.

SCÈNE II

SUZANNE, ALBERT MARTIN.

SUZANNE.

Vous venez de bonne heure, Albert ; c'est bien à vous.

ALBERT.

Un incident s'oppose à ce que je demeure,
Madame ; c'est pourquoi j'arrive de bonne heure.

SUZANNE.

Quoi ! Vous ne pourriez pas rester ce soir ici ?
Est-ce pour plaisanter que vous parlez ainsi ?

ALBERT.

Je ne plaisante pas, madame, et, sur ma vie,
Je n'en ai même pas la plus légère envie.
Vous me montrez toujours tant d'affabilité
Que je voudrais avoir un instant plaisanté.
Aussi, pour me résoudre à ne pas vous complaire,
Me faut-il un motif bien extraordinaire.

SUZANNE.

Quel est donc ce motif, Albert ?

ALBERT.

                        Pour vous il est
Très vraisemblablement dénué d'intérêt.

SUZANNE.

Albert, vous savez bien, quand je vous questionne,

Que c'est parce qu'aussi je vous affectionne.
Pourquoi donc me parler si laconiquement?

ALBERT.

J'ai tort, et j'aurais dû m'expliquer autrement;
Mais je vous en supplie, au nom du ciel, madame,
Veuillez ne pas m'astreindre à vous ouvrir mon âme.
Pour vous cacher les maux qui me tiennent étreint,
Il faut, n'en doutez pas, que j'y sois bien contraint.

SUZANNE.

Contraint! Vous m'abusez; qui peut vous y contraindre?
Albert, est-ce avec moi qu'il vous convient de feindre?
Si vous avez vraiment des chagrins dans le cœur,
Parlez, je tâcherai d'en adoucir l'aigreur.

ALBERT.

N'insistez pas ainsi; je ne puis rien vous dire;
Vos paroles ne font qu'aggraver mon martyre.

SUZANNE.

Albert, je vous en prie...

ALBERT.

          Assez, de grâce, assez!
Sans calmer mes ennuis, vous me bouleversez.

SUZANNE.

C'est vous, Albert, vous seul, qui par votre silence
De votre mal rendez pire la violence.

ALBERT.
Pour ne pas augmenter vous-même mon tourment,
Ne m'en demandez pas la cause en ce moment.

SUZANNE.
Ne dois-je pas, étant de votre ami la femme,
Être par vous admise à lire dans votre âme?

ALBERT.
Nos amis sur la terre ont leur part de malheur;
Pourquoi donc de la nôtre accroître encor la leur?

SUZANNE.
Vous ne tiendriez pas un langage semblable,
Si mon affection vous semblait véritable.

ALBERT.
De votre affection je n'ai jamais douté.

SUZANNE.
Parlez donc.

ALBERT.
Impossible.

SUZANNE.
Ah! quelle dureté!

ALBERT.
Je souffre plus que vous de ne pouvoir rien dire.

SUZANNE.
Eh bien, si l'amitié sur vous n'a point d'empire,
Au moins vous céderez à l'amour!

ALBERT.
A l'amour?
Madame, expliquez-vous vous-même à votre tour.

SUZANNE.
Puisque vous m'obligez à me trahir moi-même,
Ici je vous déclare, Albert, que je vous aime.

ALBERT.
Madame, ce langage est-il bien sérieux?

SUZANNE.
En pouvez-vous douter, et déjà dans mes yeux
N'avez-vous donc pas lu l'amour qui me dévore?
Je vous aime! Faut-il vous le redire encore?

ALBERT.
Tout à l'heure pourtant, madame, c'était vous
Qui me nommiez ici l'ami de votre époux.

SUZANNE.
Est-ce pour vous jouer, Albert, de mon délire,
Que vous me rappelez ce que j'ai pu vous dire?

ALBERT.
C'est pour vous ramener dans un meilleur chemin.

SUZANNE.
Mais ne comprends-tu pas qu'aucun pouvoir humain
Ne saurait m'arrêter sur la pente où je roule?

ALBERT.

Pas même le devoir?

SUZANNE.

Non.

ALBERT, à part.

Ciel!

(Froidement à Suzanne.)

Le temps s'écoule,
Madame; je ne puis demeurer plus longtemps.

SUZANNE, lui saisissant la main.

Albert! Quoi! tu t'en vas? Je t'en supplie, attends.

ALBERT.

Madame, je vous ai trop longtemps entendue.

SUZANNE, se jetant à ses pieds.

A tes genoux, Albert, tu me vois étendue;
Es-tu content?

ALBERT.

Madame, assez, relevez-vous;
Je rougis pour Henri de vous voir à genoux.

SUZANNE.

Ingrat! — C'est vrai, j'étais lâche; je me relève,
Et je veux à mon tour te poursuivre sans trêve,
Jusqu'à ce que je t'aie, en me moquant de toi,
Rendu toi-même enfin plus malheureux que moi!

ALBERT.

Madame, c'est en vain que vous voudrez m'atteindre;
Je suis trop innocent pour avoir à vous craindre.

SCÈNE III

ALBERT MARTIN, seul.

Quelle fatalité! Me voici, sans raison,
Contraint d'abandonner aussi cette maison.
Pour complaire à celui que j'aimais comme un frère,
J'ai perdu l'amitié de ma seconde mère,
Et bien loin de pouvoir chez lui me consoler
D'une division qui vient de m'accabler,
Telle est l'atrocité du destin qui m'opprime,
Que je ne puis plus même y séjourner sans crime!
Voilà mon sort? Mon Dieu, qu'ai-je fait, et comment
Ai-je pu mériter un pareil châtiment?
Partons.

SCÈNE IV

Le Même, MONSIEUR GAUTHIER.

MONSIEUR GAUTIER.

Comment! c'est toi? Pour que je me prélasse,
De mon logis tu fais les honneurs à ma place?

L'histoire est bonne. — Allons, commence, me voilà.
— Eh bien! Tu n'as pas l'air de voir que je suis là!
Tu ne dis rien. Qu'as-tu?

ALBERT.

Rien.

MONSIEUR GAUTHIER.

Est-ce vrai?

ALBERT.

Sans doute.

MONSIEUR GAUTHIER.

On te croirait frappé d'une attaque de goutte.

ALBERT.

C'est un mal qu'à notre âge on n'a pas.

MONSIEUR GAUTHIER.

Dieu merci!
Alors mets de côté cet air plein de souci.

ALBERT.

Inutile.

MONSIEUR GAUTHIER.

Pourquoi?

ALBERT.

Parce que je te quitte.

MONSIEUR GAUTHIER.

A minuit, d'accord.

ALBERT.

Non; je m'en vais tout de suite.

MONSIEUR GAUTHIER.
Tu ris?
ALBERT.
Je le voudrais.
MONSIEUR GAUTHIER.
Mais tu n'y penses pas, Albert?
ALBERT.
Parfaitement; je m'en vais de ce pas.
MONSIEUR GAUTHIER.
Envers moi n'as-tu pas engagé ta parole?
Tu ne peux y manquer pour un motif frivole.
ALBERT.
J'en conviens.
MONSIEUR GAUTHIER.
Quel est donc ce motif sérieux?
ALBERT.
Je ne puis te l'apprendre.
MONSIEUR GAUTHIER.
Il est mystérieux?
ALBERT.
Oui.
MONSIEUR GAUTHIER.
Je suis ton ami : j'ai droit, quel qu'il puisse être.
Albert, entends-tu bien, j'ai droit de le connaître.
ALBERT.
Je ne méconnais pas les droits de l'amitié;

Mais son premier devoir, Henri, c'est la pitié.
Ne me tourmente pas.

MONSIEUR GAUTHIER.

Tu ne veux rien me dire?

ALBERT.

Henri, n'augmente pas le mal qui me déchire.

MONSIEUR GAUTHIER.

Parle donc.

ALBERT.

Je ne puis.

MONSIEUR GAUTHIER.

Alors je te retiens.

ALBERT.

Ce soir, pourquoi vouloir qu'ainsi je sois des tiens?

MONSIEUR GAUTHIER.

Mon Dieu, je désirais t'en laisser la surprise;
Mais, s'il me faut parler moi-même avec franchise,
Je suis prêt à répondre à cette question.

ALBERT.

Réponds.

MONSIEUR GAUTHIER.

Je veux, avec ton approbation,
Te faire contracter les nœuds du mariage.

ALBERT.

A moi?

MONSIEUR GAUTHIER.

Sans doute ; avant d'avoir atteint ton âge,
N'étais-je pas déjà par l'hymen enchaîné?

ALBERT.

Oui ; mais tu possédais de l'argent ; moi, je n'ai
Aucun bien, ni d'aucun même l'expectative.
Quelle femme voudrait de cette perspective ?
D'ailleurs, en fût-il une à qui la passion
Pût faire partager ma situation,
Les différents ennuis qui s'arrachent mon âme
Ne me laisseraient pas songer à cette femme.
Ainsi n'en parlons plus. Je m'en vais.

MONSIEUR GAUTHIER, le retenant.

Tu t'en vas?
Pourquoi parler ainsi ? Je ne te comprends pas.
Avec moi l'on croirait que tu n'es plus le même.
Moi, cependant, je n'ai jamais changé, je t'aime,
Et lorsque je te parle ainsi de l'avenir,
C'est mon cœur qui me porte à t'en entretenir.

ALBERT.

Je le sais, mais tu prends une peine inutile.

MONSIEUR GAUTHIER.

Pourquoi penser cela?

ALBERT.
                    Parce qu'il est futile
De vouloir marier un homme sans un sou.

MONSIEUR GAUTHIER.
Écoute-moi. Parbleu! je ne suis pas si fou :
Je sais parfaitement qu'à l'époque où nous sommes,
C'est sur leurs revenus qu'on mesure les hommes.
Il n'en est pas moins vrai que l'homme intelligent
Peut aussi se frayer son chemin sans argent.
Certes, en ce moment, tu ne dois pas prétendre
Qu'un roi de la finance acclame en toi son gendre.
Mais tu peux rencontrer, dans ta position,
Une fille joignant à l'éducation
Les qualités qui font la bonne ménagère.

ALBERT.
Du rêve que pour moi l'amitié te suggère
Je suis vraiment touché; mais la réalité
Me dit que je devrais t'avoir déjà quitté.
Je pars. Adieu.

MONSIEUR GAUTHIER, l'arrêtant par le bras.
                    De grâce, écoute-moi; j'achève :
Je ne me laisse pas séduire par un rêve,
Albert; j'ai rencontré la femme qu'il te faut.
Si tu veux seulement ne pas faire défaut,

Tu la verras se rendre ici dans la pensée
Qu'elle va devenir ce soir ta fiancée.
Elle t'aime; j'ai lu son amour dans ses yeux;
Pour elle tu nourris un feu silencieux.
Rien ne s'oppose donc à votre mariage.

ALBERT.

Pour la dernière fois je m'en vais.

MONSIEUR GAUTHIER, saisissant Albert par la main.

        Quelle rage!
Quand j'ouvre mes salons à ton intention,
Tu ne peux pas manquer à la réunion.

ALBERT.

J'y manquerai pourtant.

MONSIEUR GAUTHIER.

      Au moins dis-moi la cause
De ta fuite.
   ALBERT.
    Jamais.

MONSIEUR GAUTHIER.

      Apprends donc une chose
Que, pour te ménager un doux étonnement,
Je voulais te cacher jusqu'au dernier moment :
C'est que, mon brave ami, de cette jeune fille
Le nom cher à ton cœur est celui de Camille.

ALBERT.

Camille! oh! oui, je l'aime, et pour la captiver
J'ignore quels malheurs je n'oserais braver.

MONSIEUR GAUTHIER.

Alors tu restes?

ALBERT.

 Non.

MONSIEUR GAUTHIER.

     Non? Ah! j'y perds la tête!
— Mais puisque je te dis, Albert, que cette fête,
Ce soir, n'a d'autre but que de vous fiancer.

ALBERT.

Cela n'empêche pas que je te vais laisser.

MONSIEUR GAUTHIER.

Si tu n'écoutes pas une raison si bonne,
Qui donc pourra jamais te retenir?

ALBERT.

      Personne.

MONSIEUR GAUTHIER.

Quel démon! — Si ma femme encore était ici,
Elle le convaincrait.

ALBERT.

Nullement.

MONSIEUR GAUTHIER.
            La voici!
—Suzanne, viens m'aider.—Albert!... Comme il s'évade!

SCÈNE V

MONSIEUR GAUTHIER, SUZANNE.

MONSIEUR GAUTHIER.
Vois donc. Mais d'où lui peut venir cette boutade?
Malgré tous mes efforts, je n'ai point réussi
A le persuader de demeurer ici.

SUZANNE.
Le mal n'est pas si grand.

MONSIEUR GAUTHIER.
                    Plus grand qu'il ne te semble.
C'est à cause de lui que ce soir je rassemble
Les personnes que j'ai cru devoir appeler.

SUZANNE.
Comment cela?

MONSIEUR GAUTHIER.
            Je puis désormais t'en parler.
Pour Albert, le jugeant amoureux de Camille,
A madame Lombard j'ai demandé sa fille.
En lui probablement voyant un bon parti,
A ma demande elle a sans peine consenti,

Et pour les fiancer j'ai pris cette soirée.
Comme tu vois, l'affaire était bien préparée.

SUZANNE, comprimant son étonnement.

Je le vois, et conduite avec discrétion.

MONSIEUR GAUTHIER.

Tu comprends quelle était ma situation :
Je devais, comme ayant tout seul couvé la chose,
N'en pas parler avant qu'elle ne fût éclose.
Madame Lombard seule était dans le secret,
Et, qui plus est, Albert lui-même l'ignorait ;
Ce n'est qu'en dernier lieu, pour lui calmer la tête,
Que je me suis ouvert à lui sur cette fête.

SUZANNE.

Et, si j'en juge bien, ta révélation
N'a point modifié sa résolution ?

MONSIEUR GAUTHIER.

Non...

SUZANNE, à part.

Le ciel soit loué !

MONSIEUR GAUTHIER.

Sur lui ton influence
De le voir revenir est ma seule espérance.
Si tu consens à m'être agréable, tu vas,
Ma Suzanne, chez lui te rendre de ce pas.

Je te sais une verve assez persuasive
Pour que, sans grande peine, il y cède et te suive.
SUZANNE.
Il faut donc qu'après lui je coure?
MONSIEUR GAUTHIER.
Il ne faut rien;
Mais si tu le voulais, tu m'obligerais bien.
SUZANNE.
De te désobliger je suis contrariée,
Mais je ne suis pas avec toi mariée
Pour être l'instrument de caprices pareils,
Et si tu crois devoir écouter mes conseils,
Pour lui tu cesseras de prendre tant de peine.
MONSIEUR GAUTHIER.
Tes paroles pour lui sentent presque la haine.
Pourquoi me détourner de servir, dans Albert,
Le seul ami que j'aie encore découvert?
SUZANNE.
Parce qu'il me paraît aujourd'hui méconnaître
L'amitié, que jadis il te faisait paraître.
MONSIEUR GAUTHIER.
Pourquoi, sans réfléchir plus sérieusement,
Porter sur sa conduite un pareil jugement?
Peut-être, quand il fuit et garde le silence,
Est-ce par amitié plus que par méfiance.

Peut-être, préférant notre repos au sien,
Aime-t-il mieux souffrir sans nous en dire rien.

SUZANNE.

Cela n'est pas probable.

MONSIEUR GAUTHIER.

      Au moins est-ce possible.

SUZANNE.

Tu le dotes vraiment d'une âme bien sensible.

MONSIEUR GAUTHIER.

Mon Dieu! de quoi nous sert cette discussion?
Réponds tout simplement à cette question :
Veux-tu tenter sur lui l'effort dont je te prie?

SUZANNE.

Eh bien! pour couper court à la plaisanterie,
Non, cent fois non!

MONSIEUR GAUTHIER.

     Alors n'en parlons plus; j'irai :
Peut-être que tout seul je le ramènerai.

SUZANNE.

Bonne chance!

MONSIEUR GAUTHIER.

    Merci! Je cours à sa poursuite;
Reçois nos invités, je reviens tout de suite.

SCÈNE VI
SUZANNE.

Ah! je respire. — Il peut courir après Albert.
Pour moi l'essentiel, c'est que j'ai découvert
Pourquoi d'un froid dédain je viens d'être outragée.
Je sais sur qui frapper pour être bien vengée.
S'il n'eût aimé Camille et voulu l'épouser,
Albert eût moins été prompt à me mépriser.
— Mais non, non, je m'égare : il ignorait encore
Les desseins de Henri que tout le monde ignore.
— Qu'importe! pour Camille il avait de l'amour;
Sans elle, il eût payé ma flamme de retour.
Il l'aime! L'épouser est son rêve sans doute.
Qu'il ose! Je suis là pour lui barrer la route.
— Oui, mais à quel moyen maintenant recourir?
Je ne sais... Le hasard viendra me secourir.

SCÈNE VII
SUZANNE, THÉODORE LANGELET.

THÉODORE.
Daignez de mes respects agréer l'humble hommage.
SUZANNE, à part.
Il ne me manquait plus que de voir ce visage.
(A Théodore, en s'inclinant cérémonieusement.)
Vous allez bien, monsieur, et vos parents aussi?

THÉODORE.

Madame, nous allons tous trois fort bien, merci.

SUZANNE.

Vous venez donc tout seul, monsieur?

THÉODORE, embarrassé.

Oui, mais j'espère
Que vous allez bientôt voir mon père et ma mère.

SUZANNE.

J'y compte.

THÉODORE, rougissant.

J'aurais pu les amener tous deux;
Mais j'avais le désir d'arriver avant eux.

SUZANNE.

Quelle cause avait mis ce désir dans votre âme?

THÉODORE, s'animant.

Ne l'avez-vous pas lue en mes regards, madame?
Faut-il de mon amour vous faire encor l'aveu?

SUZANNE, à part.

Quelle idée! Essayons. (Haut). Vous m'aimez donc un peu?

THÉODORE.

Un peu! Que dites-vous, lorsque je vous adore,
Lorsque j'ai dans le cœur un feu qui me dévore,
Et lorsque, pour vous voir éprouver ce qu'il sent,
Je n'hésiterais pas à verser tout mon sang?

SUZANNE, à part.

O mon Dieu, sois béni! car je tiens ma vengeance.
(Haut.) Écoutez bien : en vous j'ai pleine confiance,
Et, pour vous accorder franchement mon amour,
Je ne demande pas un tel prix en retour.

THÉODORE.

Parlez donc! il n'est rien que pour vous je ne fasse.

SUZANNE.

Eh bien! je vais au but tout droit et sans préface :
Vous détestez Albert, n'est-ce pas?

THÉODORE.
Nullement;
Albert est mon ami.

SUZANNE.

J'en jugeais autrement;
Mais j'ai dû me tromper. Peu m'importe, du reste;
Comme deux je serai franche : je le déteste.

THÉODORE.

Madame, j'ignorais qu'il pût en être ainsi.
Si vous le détestez, je le déteste aussi.

SUZANNE.

Alors vous êtes prêt à servir ma colère?

THÉODORE.

Je vous l'ai dit, j'entends faire tout pour vous plaire

SUZANNE.
Avec Camille Albert songe à se marier.
THÉODORE.
Je sais.
SUZANNE.
Si vous voulez, pour le contrarier,
Vous porter comme lui prétendant de Camille
Et lui ravir la main de cette jeune fille,
Je suis à vous; je mets ce prix à mon amour.
THÉODORE.
Et s'il l'emporte, alors qu'obtiendrai-je en retour?
SUZANNE.
Rien; car il ne devra son succès qu'à vous-même.
Vous devez triompher : on peut tout, quand on aime.
THÉODORE.
Camille, qui sait seule à quel point je la hais,
A s'unir avec moi n'adhérera jamais.
SUZANNE.
Qu'importe ce que veut ou ne veut pas Camille !
Tout dépend de la mère et non pas de la fille.
C'est la mère qui peut seule vous l'accorder,
Et vous n'avez, je crois, qu'à la lui demander.
THÉODORE.
Vous le croyez?
SUZANNE.
Pour vous ce n'est pas un mystère,

Et vous n'ignorez pas quel est son caractère.
La gêne a desséché les fibres de son cœur;
L'argent seul à ses yeux peut donner le bonheur,
Et, comme elle optera pour la dot la plus forte,
Contre vous il n'est pas aisé qu'Albert l'emporte.

THÉODORE.

Vous me persuadez.

SUZANNE.

Alors vous consentez?

THÉODORE.

Vos désirs, sans retard, vont être contentés.

SCÈNE VIII

Les Mêmes, MADAME LOMBARD, CAMILLE.

SUZANNE.

Je soupirais, madame, après votre venue,
Et redoutais déjà quelque déconvenue.

MADAME LOMBARD.

J'étais impatiente encore plus que vous.

THÉODORE, à madame Lombard.

Madame, j'ai l'honneur de vous présenter tous...

MADAME LOMBARD.

Mais enfin nous voici.

SUZANNE.
                Cette chère Camille,
Il faut que je l'embrasse ; on n'est pas plus gentille.
CAMILLE.
Vous voulez me flatter, madame.
THÉODORE, à madame Lombard.
                        J'ai l'honneur...
MADAME LOMBARD.
Elle est triste aujourd'hui, comme si, dans son cœur,
Elle dissimulait quelque peine secrète.
SUZANNE.
De cet état la cause aisément s'interprète :
Les filles à son âge ont parfois du souci ;
La vôtre doit sans doute en éprouver aussi.
THÉODORE, à Camille.
Celui qu'en ce moment ressent mademoiselle,
A ses charmes ajoute une grâce nouvelle.
— Je ne vous ai fait là qu'un juste compliment.
CAMILLE.
Je ne le méritais, monsieur, aucunement.
THÉODORE.
Vous êtes trop modeste.
CAMILLE.
                Et vous trop peu sincère.

THÉODORE.
Vous êtes dans l'erreur.

MADAME LOMBARD, bas à Camille.
Ne sois pas si sévère.
Il ne faut pas, ma fille, aux gens même qu'on hait
Dire brutalement la chose comme elle est.

THÉODORE, bas à Suzanne.
Cet accueil-là n'est pas encourageant. N'importe !
Je l'ai mis dans ma tête, il faut que je l'emporte.

SCÈNE IX

Les Mêmes, MONSIEUR LANGELET, MADAME LANGELET.

SUZANNE, d'un ton badin, à Théodore.
Monsieur, je vous présente à vos parents.

THÉODORE.
Toujours
Aimable !

SUZANNE.
Et gracieuse ?

THÉODORE.
Autant que les amours.

MONSIEUR LANGELET.
Vous allez bien, madame ?

SUZANNE.
Oui, je vous remercie.

MADAME LANGELET.

Pour vous féliciter, à lui je m'associe.
Mais nous devons encor nous informer aussi
De notre ami Gauthier, qu'en vain je cherche ici.

SUZANNE.

Je vous suis obligée ; il se porte à merveille ;
Personne n'eut jamais une santé pareille.
Il s'est vu tout à l'heure obligé de sortir.

MADAME LOMBARD.

Vraiment !

SUZANNE.

Oui, mais il va promptement revenir.

MADAME LOMBARD.

Fort bien.

MADAME LANGELET.

Puisqu'aux absents en ce moment je pense,
Il me semble qu'Albert brille par son absence.
Je crois pourtant savoir que c'est surtout pour lui
Que vous réunissez vos amis aujourd'hui.

MADAME LOMBARD.

Au fait, c'est vrai !

SUZANNE.

Je crois qu'il ne faut pas l'attendre.

MADAME LOMBARD.

Comment ! que dites-vous, et que viens-je d'entendre ?

SUZANNE.
A l'instant seulement il nous a fait savoir
Qu'il était empêché d'être avec nous ce soir.

MADAME LOMBARD.
C'est trop fort! Il n'est pas d'empêchement qui tienne.
Il l'a promis; il faut, bon gré mal gré, qu'il vienne.

CAMILLE, bas.
Si vous m'aimez un peu, ma mère, calmez-vous. !

MADAME LOMBARD, à Camille.
Non, laisse-moi, j'éprouve un trop juste courroux.
(A Suzanne.) Quel motif donne-t-il?

SUZANNE.
                Je ne saurais vous dire;
Mais tout à l'heure Henri pourra mieux vous instruire.

MADAME LANGELET, à part.
Je devine: sachant que je devais venir,
Il a, pour m'éviter, préféré s'abstenir.

THÉODORE.
Il était l'invité le plus indispensable.
Quel que soit son motif, il n'est pas acceptable.

CAMILLE.
Il faudrait le connaître, avant de le juger.

THÉODORE.
Il n'en est pas qui soit propre à le décharger.

CAMILLE.
C'est ce que l'avenir nous apprendra sans doute.
THÉODORE.
J'y compte : l'avenir n'a rien que je redoute.

SCÈNE X

Les Mêmes, MONSIEUR GAUTHIER.

MADAME LOMBARD.
Eh bien! monsieur; Albert n'est pas encor venu.
Me direz-vous au moins ce qui l'a retenu?
MONSIEUR GAUTHIER.
Je ne sais.
MADAME LOMBARD.
Mais enfin pouvez-vous nous apprendre
S'il doit ou ne doit pas ce soir ici se rendre.
MONSIEUR GAUTHIER.
Madame, autant que vous j'en ressens de l'ennui,
Mais je pense qu'il faut ne pas compter sur lui.
MADAME LOMBARD.
Il vous avait donné cependant sa parole?
MONSIEUR GAUTHIER.
C'est fort vrai.
MADAME LOMBARD.
Ce jeune homme a donc la tête folle?

CAMILLE.

Ma mère, sois plus calme.

MONSIEUR GAUTHIER.

A bien considérer,
Le mal est, après tout, facile à réparer.

MADAME LOMBARD.

Et comment, s'il vous plaît, pensez-vous vous y prendre?

MONSIEUR GAUTHIER.

Tout vient à temps, madame, à qui veut bien attendre :
Laissez donc s'écouler quelques jours, et je crois
Qu'Albert tiendra parole à la seconde fois.

MADAME LOMBARD.

En n'étant pas d'abord exact à la première,
Il m'a fait une injure au dernier point grossière.
Mais, s'il croit voir en nous des femmes que l'on peut
Traiter impunément aussi mal qu'on le veut,
Il se trompe; je suis d'assez bonne famille
Pour n'être nullement en peine de Camille,
Et vous pourrez, monsieur, lui dire de ma part
Qu'il ne me déplaît pas qu'il se tienne à l'écart.

MONSIEUR GAUTHIER.

Je connais mon ami : je le sais incapable
D'avoir à votre égard un dédain si coupable.

MADAME LOMBARD.

Sous son vrai jour alors il devrait s'exposer.

MONSIEUR GAUTHIER.

Aussi l'y verrez-vous, s'il vous plaît l'excuser.

MADAME LOMBARD.

Je ne puis l'excuser; votre prière est vaine.

MONSIEUR GAUTHIER.

De grâce, envisagez...

MADAME LOMBARD.

     Vous perdez votre peine.

MONSIEUR GAUTHIER.

Madame, à tout péché miséricorde !

MADAME LOMBARD.

       Non.

MONSIEUR GAUTHIER.

Eh bien, soit ! Après tout, je suis vraiment trop bon !
Je vous laisse le soin d'arranger vos affaires.

MADAME LOMBARD.

Vos conseils, cher monsieur, me sont peu nécessaires.

MONSIEUR GAUTHIER.

Tant mieux pour vous et moi.

MADAME LOMBARD.

     Je vous salue.

MONSIEUR GAUTHIER.

Adieu, Madame.

MADAME LOMBARD.
Viens, ma fille, et sortons de ce lieu.

SCÈNE XI

MONSIEUR LANGELET, MADAME LANGELET, THÉODORE LANGELET, MONSIEUR GAUTHIER, SUZANNE.

MONSIEUR GAUTHIER.
Avez-vous vu jamais une tête pareille?

THÉODORE.
Je l'approuve; elle était dans son droit.

MONSIEUR GAUTHIER.
A merveille!
C'est moi qui seul ai tort. Je ne sais pas pourquoi,
Mais ici tout le monde est ligué contre moi.

SUZANNE.
Quand, de sang-froid, Henri, tu jugeras la chose,
Tu verras que personne à tes vœux ne s'oppose,
Et que, si quelque obstacle a pu les déranger,
Tu le dois à celui que tu veux protéger.

MONSIEUR LANGELET.
C'est on ne peut plus clair; n'est-il pas vrai, ma femme?

MADAME LANGELET.

Taisez-vous.

THÉODORE, à Suzanne.

Vous parlez comme un livre, madame.

SUZANNE.

Je ne mérite pas, monsieur, ce compliment ;
Je ne fais que parler selon mon sentiment.

MONSIEUR GAUTHIER, à part.

Voilà qui va fort bien.

THÉODORE.

Veuillez, monsieur, m'entendre.
Je suis l'ami d'Albert...

MONSIEUR GAUTHIER, à part.

Ami sensible et tendre !

THÉODORE.

Vous comprenez donc bien qu'en cette qualité
A lui donner raison je dois être porté.
Mais avant l'amitié doit passer la justice,
Et, si je l'approuvais, je serais son complice.

MONSIEUR GAUTHIER.

Pour être son complice, il faudrait tout d'abord
Qu'il fût bien établi qu'Albert est dans son tort.

THÉODORE.

Cela ressort assez, je crois, de sa conduite.

MONSIEUR GAUTHIER.

Pour la juger, il faut en attendre la suite.

THÉODORE.

Et moi je ne crains pas de vous le répéter,
Il n'est pas de raison propre à l'innocenter.
Quand il est question d'une affaire si grave,
Je n'admets pas qu'on puisse alléguer une entrave.

SUZANNE.

C'est évident.

MONSIEUR LANGELET.

C'est vrai.

MADAME LANGELET.

Malgré mon amitié
Qui de ses torts souvent me cache la moitié,
Je ne crois pas qu'Albert puisse être pardonnable.

MONSIEUR GAUTHIER.

Supposez qu'il vous donne un motif raisonnable;
Vous vous reprocherez de l'avoir mal jugé.

THÉODORE.

Non, monsieur; envers vous il s'était engagé.
Si, pour se délier, ce qui n'est pas possible,
Il avait à fournir un prétexte admissible,
Il est toujours coupable, incontestablement,
D'être resté muet jusqu'au dernier moment.

MONSIEUR GAUTHIER.

Savez-vous s'il a pu me prévenir plus vite?

THÉODORE.

Non; mais à le penser son silence m'invite.

MONSIEUR GAUTHIER.

Pour être franc, monsieur, tant de sévérité
Me porte à suspecter votre sincérité.

SUZANNE, à monsieur Gauthier.

Tais-toi.

THÉODORE, à Suzanne.

Ne craignez rien.

MADAME LANGELET.

Monsieur, je vous engage
A ne pas persister dans un pareil langage;
Il est injurieux.

MONSIEUR GAUTHIER.

C'est possible; après tout,
Peu m'importe qu'il soit ou non de votre goût.
Votre fils m'a contraint de dire ma pensée;
Prenez-vous-en à lui, si je vous ai blessée.

MADAME LANGELET.

Ah! monsieur, c'est trop fort'

MONSIEUR GAUTHIER.

Madame, c'est ainsi!

MADAME LANGELET.

Viens, Théodore, viens; ne restons pas ici.

SCÈNE XII

MONSIEUR GAUTHIER, SUZANNE.

MONSIEUR GAUTHIER.

Pour n'avoir pas voulu près d'Albert t'entremettre,
Tu vois à quels ennuis tu viens de me soumettre.

SUZANNE.

Ce n'est donc pas assez que d'avoir querellé
Des gens fort étrangers à tout ce démêlé,
Il te faut donc répandre encor sur moi ta bile?

MONSIEUR GAUTHIER.

Non; mais avoue aussi que, d'un seul mot habile,
Tu pouvais m'affranchir de tous ces embarras.

SUZANNE.

Tu te moques de moi; je ne t'écoute pas.

ACTE TROISIÈME

La scène se passe chez madame Lombard.

SCÈNE PREMIÈRE

MADAME LOMBARD, CAMILLE.

MADAME LOMBARD.
Allons, console-toi; tu n'es pas raisonnable;
Ta faiblesse finit par être impardonnable;
Si tu t'étais trouvée en butte aux vrais malheurs,
Pour les petits ennuis tu n'aurais point de pleurs.

CAMILLE.
Ne me consolez pas; vous ne faites, ma mère,
Que rendre ma douleur encore plus amère.
Nous n'envisageons pas les choses du même œil,
Et notre divergence augmente encor mon deuil.

MADAME LOMBARD.
Je me mets à ta place. Écoute-moi, Camille;
Comme à toi, mon enfant, quand j'étais jeune fille,
La satisfaction des caprices du cœur

Seule me paraissait la source du bonheur,
Et je ne croyais pas que l'adverse fortune
Jamais à deux amants pût paraître importune.
Depuis j'ai bien changé! Ton père est mort; je suis
Toute seule restée en proie à mille ennuis,
Feignant, pour conserver mon ancien entourage,
De vivre largement comme avant mon veuvage,
Contrainte, pour sembler riche comme jadis,
D'user d'expédients de plus en plus hardis,
Pour satisfaire au luxe ôtant au nécessaire,
Ici femme du monde, ailleurs homme d'affaire,
Faisant de mon mari saisir les débiteurs,
Lassant ses créanciers à force de lenteurs,
Sans cesse enfin cherchant dans mon intelligence
Les moyens de masquer ma réelle indigence.
Ah! si de cette vie, où je souffre tout bas,
Tu pouvais comme moi connaître les tracas,
Tu saurais qu'à côté de ces peines amères,
Toutes celles du cœur ne sont que des chimères.

CAMILLE.

Ma mère, vous pouvez avoir cent fois raison;
Mais il n'en est pas moins vrai qu'en comparaison
De celles que mon cœur en ce moment endure,
Il n'en existe pas qui me semblerait dure.

MADAME LOMBARD.
Pour moi le seul malheur, c'est de manquer d'argent.
CAMILLE.
L'argent n'empêche pas le cœur d'être indigent.
MADAME LOMBARD.
Raisonnement qui peut séduire en théorie,
Mais qui ne tiendrait pas contre la pénurie !
CAMILLE.
Vous me martyrisez. (On sonne.)
MADAME LOMBARD.
Allons, sèche tes pleurs ;
J'entends sonner. On vient. Toujours de nos douleurs,
Quelque lourd qu'à nos yeux le fardeau puisse en être,
Il faut aux étrangers ne rien faire connaître.
CAMILLE.
Oui, ma mère, plus tard, quand l'âge ou le malheur
Aura pétrifié les fibres de mon cœur,
J'aurai peut-être assez d'empire sur moi-même
Pour ne point laisser voir que je souffre et que j'aime.
Mais, pour y parvenir, aujourd'hui, je le sens,
Je me consumerais en efforts impuissants.
Aussi, pourvu qu'en rien cela ne vous déplaise,
Vais-je me retirer dans ma chambre.
MADAME LOMBARD.
A ton aise !

SCÈNE II

MADAME LOMBARD, MADAME LANGELET.

MADAME LANGELET.

Comment vous portez-vous depuis le bal d'hier?

MADAME LOMBARD.

Fort bien, et vous?

MADAME LANGELET.

De même. Eh bien! monsieur Gauthier,
Sans en dire de mal, nous a fait belle fête !
On aurait cru vraiment qu'il n'avait plus sa tête.

MADAME LOMBARD.

Je ne sais ; mais, qu'il ait ou n'ait plus sa raison,
Je ne salirai pas de si tôt sa maison.

MADAME LANGELET.

Ni moi.

MADAME LOMBARD.

Comprenez-vous une telle boutade?

MADAME LANGELET.

Cet homme doit avoir l'esprit un peu malade :
Après votre départ, madame, croiriez-vous
Qu'il nous a querellés l'un après l'autre tous ?
Et pourquoi, je vous prie? Ai-je fait quelque chose
Qui d'une humeur pareille ait pu me rendre cause?

MADAME LOMBARD.

Et moi donc ! Pourrez-vous me dire aussi pourquoi
Il a mis son plaisir à se moquer de moi ?
Contre lui, j'en conviens, je me suis emportée ;
Mais il m'avait donné le droit d'être irritée.
Il ne devait risquer un pareil rendez-vous
Qu'après s'être assuré d'Albert comme de nous.
Il était tout au moins coupable d'imprudence.

MADAME LANGELET.

C'est juste ; heureusement, de son inconséquence
Vous n'avez pas beaucoup à redouter l'effet.

MADAME LOMBARD.

Je ne partage pas votre avis tout à fait.

MADAME LANGELET.

Écoutez. Vous savez que mon fils est en âge
De songer maintenant à se mettre en ménage.

MADAME LOMBARD.

Je le sais.

MADAME LANGELET.

  Il aurait, je crois, tout ce qu'il faut
Pour pouvoir aspirer au parti le plus haut.

MADAME LOMBARD, à part.

Parlons-en.

MADAME LANGELET.

  Il est jeune...

MADAME LOMBARD.
            Oui.
MADAME LANGELET.
                      Plein d'expérience...
MADAME LOMBARD.
Je vous crois.
MADAME LANGELET.
    Et savant !
MADAME LOMBARD.
            C'est un puits de science.
MADAME LANGELET.
Si dans la médecine un point fait question,
Le premier il arrive à la solution :
Il cherche en ce moment, sûr d'ouvrir ce mystère,
Si la stérilité n'est pas héréditaire,
Et sur cette matière il va pouvoir bientôt,
Dans un livre, aux savants dire son dernier mot.
MADAME LOMBARD.
S'il n'est pas estimé déjà comme il doit l'être,
Ce livre achèvera de le faire connaître.
MADAME LANGELET.
Je l'espère ; il serait déjà partout connu,
Si par sa modestie il n'était retenu.
MADAME LOMBARD, à part.
Qu'il est bien inspiré de se montrer modeste !

MADAME LANGELET.

L'excès en toute chose est un défaut funeste.
J'ai beau lui conseiller, pour vaincre ce défaut,
D'être modeste autant et pas plus qu'il ne faut,
Son ingénuité de mes conseils s'irrite ;
Il veut que le succès ne soit dû qu'au mérite,
Et me dit que, s'il est des gens peu scrupuleux,
Ce n'est pas un motif pour procéder comme eux.

MADAME LOMBARD.

Cette délicatesse est aujourd'hui bien rare.

MADAME LANGELET.

Elle est exagérée, et si le ciel avare
En lui n'avait pas mis un talent surhumain,
Elle l'empêcherait de faire son chemin.

MADAME LOMBARD.

Heureusement le ciel l'a pétri dans un moule
Trop grand pour qu'il demeure oublié dans la foule.

MADAME LANGELET.

Sans nul doute ; au surplus, si la célébrité
Ne lui parvenait pas avec rapidité,
A son aise il pourrait l'attendre, et sa fortune
A l'attente ôterait sa tristesse importune.
Ne vous semble-t-il pas que je raisonne bien ?
Qu'en dites-vous ?

MADAME LOMBARD.
            J'en dis... j'en dis... Je n'en dis rien,
Sinon que de bonheur vous devriez être ivre.

MADAME LANGELET.
Dans le même bonheur vous pouvez aussi vivre.

MADAME LOMBARD.
Moi ?

MADAME LANGELET.
    Vous ! De votre fille éperdument épris,
Théodore la veut pour sa femme à tout prix.

MADAME LOMBARD.
Est-ce possible ? O ciel !

MADAME LANGELET.
            Pour lui frayer la voie,
Auprès de vous c'est lui qui ce matin m'envoie.

MADAME LOMBARD.
C'est lui ! Pardonnez-moi mon incrédulité ;
Mais j'attendais si peu tant de félicité
Que, malgré moi, je doute et je n'ose vous croire.

MADAME LANGELET.
Je ne vous ferais point d'ouverture illusoire ;
Rassurez-vous.

MADAME LOMBARD.
        Je suis rassurée ; en effet,
J'avais tort de ne pas vous croire tout à fait.

Mais pourquoi, si Camille avait touché son âme,
Votre fils si longtemps a-t-il caché sa flamme?

MADAME LANGELET.

C'est par pur dévoûment. Pensant qu'Albert l'aimait,
Il étouffait en lui l'amour qui l'animait.
Mais, depuis qu'hier soir Albert, par sa retraite,
Pour Camille a montré sa volonté bien nette,
Il n'a plus de scrupule et vous fait aujourd'hui
Demander s'il vous plaît qu'elle s'unisse à lui.

MADAME LOMBARD.

J'admire, en vérité, cette délicatesse;
Aussi, sans hésiter, à ses désirs j'acquiesce.

MADAME LANGELET.

Nous sommes d'accord?

MADAME LOMBARD.

   Oui.

MADAME LANGELET.

      Bien; sans perdre de temps,
Je vais vous présenter mon fils.

MADAME LOMBARD.

      Je vous attends.

SCÈNE III

MADAME LOMBARD, seule.

Dieu soit loué! Je vais bien établir ma fille.
Ce n'est pas, il est vrai, que ce jeune homme brille
Par les dons séduisants du cœur et de l'esprit;
Mais ce n'est pas non plus par eux qu'on se nourrit.
Il est riche, et s'il est d'une humeur peu traitable,
Camille aura du moins bon gîte et bonne table.
Ni l'esprit ni le cœur ne font passer la faim;
Pour être heureux, il faut d'abord avoir du pain.
A produire ma fille ayant vidé ma bourse,
Avec elle j'allais demeurer sans ressource,
Et voilà qu'au moment où je me désolais,
La fortune me sert mieux que je ne voulais :
Aux charmes de Camille un niais vient se prendre.
Albert peut maintenant se passer d'y prétendre,
Et si son tendre ami vient me voir de sa part,
Je lui ferai savoir qu'il s'est levé trop tard.

SCÈNE IV

MADAME LOMBARD, MONSIEUR GAUTHIER.

MONSIEUR GAUTHIER.

Madame, excusez-moi si je vous importune;

Mais, craignant avant tout votre juste rancune,
Je viens auprès de vous me faire pardonner
Les ennuis que j'ai pu, malgré moi, vous donner.

MADAME LOMBARD.

Monsieur, vous prenez là de bien stériles peines :
En présence des faits les excuses sont vaines.

MONSIEUR GAUTHIER.

Les faits trompent souvent ; aussi voudrez-vous bien
Ne pas me refuser un instant d'entretien.
En deux mots laissez-moi vous les faire connaître,
Et vous les jugerez, ainsi qu'ils doivent l'être.

MADAME LOMBARD.

Je les connais assez ; votre explication
Ne triomphera pas de ma conviction.

MONSIEUR GAUTHIER.

Madame, je comprends que j'ai dû vous déplaire ;
Mais, quand j'ai fait sur moi tomber votre colère,
Par mes intentions j'étais innocenté.
Dans l'hymen que j'avais pour Albert projeté
Je songeais à son bien peut-être moins qu'au vôtre :
Camille et lui m'avaient semblé faits l'un pour l'autre.
J'ai sans doute péché par irréflexion ;
Mais cela ne doit pas nuire à leur union.
Voilà pourquoi je viens auprès de vous, madame,

Sûr que vous ne gardez contre moi, dans votre âme,
Aucun ressentiment de ce qui s'est passé.

MADAME LOMBARD.

Je ne crois pas, monsieur, que vous ayez pensé
Aux observations que vous venez me faire?

MONSIEUR GAUTHIER.

Madame, j'ai pesé les mots que je profère.
Albert aime Camille, et Camille aime Albert ;
Dans leurs yeux leur amour à moi s'est découvert.
Si vous ne voulez pas les tuer l'un et l'autre,
Il faut à leur désir subordonner le vôtre.

MADAME LOMBARD.

Vous plaisantez, je crois, monsieur, en vérité.
Si vers ma fille Albert se sentait si porté,
Il n'aurait pas hier tenu cette conduite.

MONSIEUR GAUTHIER.

Vous pourrez en savoir la cause dans la suite ;
En attendant, ce qui n'est nullement douteux,
C'est qu'Albert de Camille est toujours amoureux.

MADAME LOMBARD.

Qu'il aime ou n'aime pas ma fille, peu m'importe !
Je ne veux point d'un gendre élevé de la sorte.
Elle ne manque pas de beaux et bons partis,
Et, pour que vous soyez tous deux bien avertis,
Je dois vous informer que je garde Camille

Pour un jeune homme issu d'une riche famille,
Et qu'enfin le mari qu'elle aura, s'il vous plaît,
Sera l'unique fils de monsieur Langelet.

MONSIEUR GAUTHIER.

De monsieur Langelet?

MADAME LOMBARD.

Oui, ce sera lui-même.

MONSIEUR GAUTHIER.

Je dois vous détromper; votre erreur est extrême:
Théodore est l'ami d'Albert, et ne peut point,
Connaissant son amour, le trahir à ce point.

MADAME LOMBARD.

Il ne le trahit pas: voyant qu'Albert recule,
Il peut le remplacer, suivant moi, sans scrupule.

MONSIEUR GAUTHIER.

Il sait qu'Albert toujours aime Camille autant.

MADAME LOMBARD.

Cela vous plaît à dire.

MONSIEUR GAUTHIER.

Albert est très constant.

MADAME LOMBARD.

Sa conduite d'hier semble vous contredire.

MONSIEUR GAUTHIER.

Sa conduite en erreur pourrait bien vous induire.

MADAME LOMBARD.

C'est possible, monsieur ; mais votre assertion
Ne modifira pas ma résolution.
Monsieur Langelet fils est riche, et ma balance
Penche toujours vers ceux qui sont dans l'opulence.

MONSIEUR GAUTHIER.

L'opulence n'est pas ce qui fait le bonheur :
De votre fille il faut d'abord sonder le cœur ;
Car, si vous lui donnez l'homme qu'elle déteste,
Vous la vouez vous-même au sort le plus funeste.

MADAME LOMBARD.

A mon ordre elle a su toujours se conformer ;
Elle aimera l'époux qu'on lui dira d'aimer.

MONSIEUR GAUTHIER.

Le cœur n'a pas de frein ; jamais il ne raisonne
Et jamais n'obéit aux ordres de personne.
Vous ne changerez pas les tendances du sien.

MADAME LOMBARD.

Pour en finir, monsieur, vous dissertez fort bien ;
Je ne changerai pas les penchants de Camille,
Mais monsieur Théodore épousera ma fille.

SCÈNE V

MONSIEUR GAUTHIER, seul.

Par tout ce que je vois mon esprit est troublé ;
Je ne sais que penser, et je reste accablé.
Pour quel motif Albert, persistant à se taire,
Ne veut-il pas instruire un ami du mystère
Qui l'a fait tout d'un coup changer de volonté ?
Dans quel but Théodore a-t-il, de son côté,
Modifiant son cœur à l'égard de Camille,
Fait demander la main de cette jeune fille ?
Enfin pourquoi Suzanne a-t-elle pour Albert
Été si malveillante ?... Ah ! ma raison s'y perd ;
Un doute affreux s'élève au fond de ma pensée.
Mais non ; non, je suis fou ; ma crainte est insensée.

SCÈNE VI

MONSIEUR GAUTHIER, ALBERT MARTIN.

MONSIEUR GAUTHIER.
Je te tiens ! Que viens-tu faire en ce lieu, pendard ?

ALBERT.
Demander mon pardon à madame Lombard.

MONSIEUR GAUTHIER.

Tu choisis bien ton temps. Ton joli coup de tête
Au calme a fait soudain succéder la tempête.

ALBERT.

Qu'est-il donc arrivé ?

MONSIEUR GAUTHIER.

Rien, mon ami, sinon
Que madame Lombard ne veut plus de ton nom
Entendre prononcer la première syllabe.
Rien ne peut la toucher; c'est une âme d'Arabe.

ALBERT.

Alors mon mariage est rompu ?

MONSIEUR GAUTHIER.

J'en ai peur;
Mais tu dois te trouver au comble du bonheur ;
Car, si je dois juger de tes vœux par tes œuvres,
Pour faire tout manquer, à dessein tu manœuvres.

ALBERT.

Tu reviens constamment sur ce point.

MONSIEUR GAUTHIER.

C'est qu'aussi
Je ne sais pas pourquoi tu te caches ainsi.

ALBERT.

Mon ami, tu sais bien, en bonne conscience,
Que j'ai toujours en toi placé ma confiance.

Si je ne m'ouvre pas à toi complètement,
C'est que je ne peux pas agir différemment.
Je souffre plus que toi de ce silence étrange.
Ne me force donc pas à te donner le change,
Et si pour mes chagrins tu sens quelque pitié,
Joins la discrétion à ta tendre amitié.
Tu connais mon amour ; si tu veux me complaire,
De madame Lombard désarme la colère.

MONSIEUR GAUTHIER.

Je crains que mes efforts n'y réussissent pas :
Ton ami Théodore a sur toi pris le pas.

ALBERT.

Lui !

MONSIEUR GAUTHIER.

Son gousset est plein, si son esprit est vide,
Et madame Lombard est une femme avide ;
Sa fille est au plus riche.

ALBERT.

Alors n'en parlons plus.

MONSIEUR GAUTHIER.

Pourquoi ?

ALBERT.

Pourquoi nourrir des désirs superflus ?

MONSIEUR GAUTHIER.

Superflus ?

ALBERT.

Sans nul doute.

MONSIEUR GAUTHIER.
>Il se pourrait encore

Qu'elle te préférât pour gendre à Théodore.

ALBERT.

Y réfléchis-tu bien?

MONSIEUR GAUTHIER.
>Certainement.

ALBERT.
>Pourtant

Tu me disais encor le contraire à l'instant.

MONSIEUR GAUTHIER.

Je voulais t'éprouver et voir, si, par miracle,
Tu ne raidirais pas ton cœur contre l'obstacle.
Mais, puisque je me suis trompé, rassure-toi,
Je serai fort pour deux; tu peux compter sur moi;
Rien n'est encor perdu.

ALBERT.
>Non, c'est trop de mécomptes;

Ne fais plus rien pour moi.

MONSIEUR GAUTHIER.
>Qu'est-ce que tu me contes?

ALBERT.

Henri, je ne veux plus me marier.

MONSIEUR GAUTHIER.
>Parbleu!

Ce que tu ne veux plus m'inquiète fort peu!
J'ai comme toi ma tête; implore, chante, crie;
Je veux être pendu, si je ne te marie.
   ALBERT.
Ma résolution est prise, et jamais rien
Ne pourra la changer.
   MONSIEUR GAUTHIER.
      Je la changerai bien,
Et je saurai tout seul résoudre le problème
De faire ton bonheur en dépit de toi-même.

SCÈNE VII

ALBERT MARTIN, seul.

Ah! quelle lutte affreuse il me faut soutenir!
Va-t-elle encor durer ou va-t-elle finir?
Il est temps qu'elle cesse; elle abat mon courage.
Mais Henri n'est pas homme à laisser son ouvrage;
Pour le mener à fin, il épuisera tout.
Comment vais-je pouvoir résister jusqu'au bout?
Encore ignore-t-il que c'est pour Théodore
Que j'abandonne ainsi la femme que j'adore.
S'il savait le motif de ma décision,
Que ne ferait-il point pour ma conversion!
N'était-ce pas déjà bien assez que je fisse

De l'amante à l'ami le poignant sacrifice?
Quand je la lui conduis, faut-il que par la main
Un autre ami m'arrête au milieu du chemin?
— Camille!... C'est bien elle! O ciel, je t'en supplie,
Soutiens quelques instants ma vigueur affaiblie!

SCÈNE VIII

ALBERT MARTIN, CAMILLE.

CAMILLE, avec surprise.

Albert!

ALBERT.

Ne fuyez pas.

CAMILLE.

Que voulez-vous, monsieur?

ALBERT.

Vous parler.

CAMILLE.

Est-ce encor pour me briser le cœur?

ALBERT.

Non, c'est pour implorer ma grâce, et vous voir dire
Que vous condescendez à ne plus me maudire.

CAMILLE.

Vous maudire? Au milieu de mon affliction
Jamais vous n'avez eu ma malédiction.

ALBERT.
Camille, de quel poids votre aveu me délivre !
Votre ressentiment m'eût empêché de vivre.
CAMILLE.
Rassurez-vous ; s'il faut vous parler sans détour,
Vous n'avez point cessé d'avoir tout mon amour.
ALBERT, atterré.
Que dites-vous ?
CAMILLE.
Je dis, Albert, que je vous aime...
Mais d'où vient sur vos traits cette pâleur extrême ?
Qu'avez-vous ?
ALBERT, à part.
Que lui dire ? (A Camille.) Entre nous désormais
L'amour doit être un rêve oublié pour jamais.
CAMILLE.
Qu'entends-je ? Dois-je, Albert, en croire mes oreilles ?
Osez-vous prononcer des paroles pareilles ?
ALBERT.
Ne pouvant pas agir selon ma volonté,
Je dois me conformer à la nécessité.
CAMILLE.
Quelle nécessité sur vous a tant d'empire ?
ALBERT.
Ne le demandez pas, je ne puis vous le dire.

CAMILLE.

Ah! quelle dureté! Vous n'avez point de cœur!
Mon amour est pour vous sans la moindre valeur,
Et vous le dédaignez, parce que, simple et tendre,
Je ne vous l'ai pas fait assez longtemps attendre.
De ma naïveté voilà le résultat;
Je le vois, mais trop tard, vous n'êtes qu'un *ingrat!*

ALBERT.

Si vous pouviez descendre au fond de ma pensée,
Je ne vous verrais pas à ce point offensée.

CAMILLE.

Alors ouvrez-la moi; malgré ce que je vois,
Sans méfiance encor j'entendrai votre voix:
Parlez.

ALBERT.

Non, je ne puis.

CAMILLE.

Vainement je vous presse;
Je vous ai sans succès prodigué ma tendresse;
Je vous le dis encor, vous n'êtes qu'un *ingrat!*

SCÈNE IX

ALBERT MARTIN, seul.

Ingrat! moi! c'en est fait, ce dernier coup m'abat...
Ingrat!... Ce mot, sorti d'une bouche moins pure,

Aurait été pour moi la plus cruelle injure ;
Articulé par elle, il me donne la mort...

SCÈNE X

ALBERT MARTIN, MONSIEUR LANGELET, MADAME LANGELET, THÉODORE LANGELET.

MONSIEUR LANGELET.
Albert !

MADAME LANGELET, bas à monsieur Langelet.
Taisez-vous donc.

THÉODORE.
Que maudit soit le sort,
Qui partout devant moi le met comme un dieu Terme !

MADAME LANGELET, à Théodore.
Calme-toi ; tes ennuis approchent de leur terme.
(A Albert.)
Albert !... Dormez-vous ?

ALBERT.
Ah !

MADAME LANGELET.
Vous avez, je le vois,
Promptement oublié le timbre de ma voix.
Je viens faire la paix ; au moins faut-il m'entendre.
Allons, mon cher enfant, vous me faites attendre ;

Donnez-moi votre main et promettez-moi bien
De n'avoir contre moi de rancune de rien.

ALBERT.

De quel charme imprévu votre amitié m'enivre !
Il m'eût été sans elle impossible de vivre ;
Tout m'accablait, depuis que vous ne m'aimiez plus ;
J'opposais au destin des efforts superflus.
Voici que maintenant je sens dans tout mon être,
Avec votre amitié, ma force reparaître.
Ah ! que vous êtes bonne ! et comment en ce jour
Vais-je jamais pouvoir vous payer de retour ?

MADAME LANGELET.

Si j'ai quelque mérite, en ce moment j'en trouve
Le prix dans le plaisir qu'à vous revoir j'éprouve.

ALBERT.

Et vous, mes bons amis que je croyais perdus,
Pour que je sois bien sûr que vous m'êtes rendus,
Donnez-moi votre main, et resserrons ensemble
Le nœud qui pour toujours de nouveau nous rassemble.

MADAME LANGELET, bas à Théodore.

Allons, tâche d'y mettre un peu moins de froideur.

MONSIEUR LANGELET, essuyant une larme de faux bonhomme.

Ce pauvre enfant, vraiment il me touche le cœur !

MADAME LANGELET, bas à Théodore.

Donne-lui donc ta main, puisqu'il te la demande.

THÉODORE, à Albert.

Il faut bien obéir, quand un ami commande.

ALBERT.

J'étouffe de bonheur.

MADAME LANGELET, souriant.

               Sans vous le reprocher,
Albert, votre bonheur nous a bien fait marcher.

ALBERT.

Pauvres amis!

MADAME LANGELET.

               Tous trois, en vrais limiers de race,
Nous n'avons pas cessé de vous donner la chasse,
Et nous n'espérions plus vous saisir nulle part,
Quand nous vous avons vu chez madame Lombard.
Pourquoi vous étiez-vous réfugié chez elle?

ALBERT.

Ma pensée, entre nous, n'était nullement celle
De me réfugier au fond de sa maison;
J'avais été guidé par une autre raison.

MADAME LANGELET.

Pourrais-je la savoir, mon ami?

ALBERT.
                    Sans nul doute ;
C'est moi qui désirais vous la dire.

MADAME LANGELET.
                    J'écoute.

ALBERT.
Tu peux l'entendre aussi, Théodore, à ton gré ;
C'est toi qu'elle intéresse au suprême degré.

THÉODORE.
Moi !

ALBERT.
    Toi-même. On voulait m'unir avec Camille.
Tu dois l'avoir appris !

THÉODORE.
    Oui.

ALBERT.
                    Cette jeune fille
Te plaît, et tu serais heureux de l'épouser.

THÉODORE.
Qui dit cela ?

ALBERT.
    C'est moi, parbleu !

THÉODORE, pinçant les lèvres.
                    Peut-on oser !...

ALBERT, souriant.
Dire une vérité qui ne blesse personne,
N'est-ce pas ?

THÉODORE, à regret.
J'en conviens.

ALBERT.
Je veux qu'on te la donne.
A madame Lombard j'étais venu, pour toi,
Demander de vouloir ne plus songer à moi.

MADAME LANGELET.
Quelle abnégation !

MONSIEUR LANGELET.
Quelle amitié sincère !
Ta main, Albert ; cela vaut bien que je la serre !

MADAME LANGELET, bas à Théodore.
Parais donc satisfait.

THÉODORE, à regret.
Je ne sais pas comment
Je pourrai reconnaître un pareil dévoûment.

ALBERT.
Dans ton affection pour moi reste immuable,
Et c'est moi qui toujours te serai redevable.

THÉODORE, sournoisement.
Tu sais te contenter de peu.

ALBERT.

>Pour moi, c'est tout.

MADAME LANGELET.

Puisqu'il en est ainsi, je veux jusques au bout
De vos bons sentiments me procurer la preuve.

ALBERT.

Parlez, je suis tout prêt à soutenir l'épreuve.

MADAME LANGELET.

Je plaisante.

ALBERT.

>C'est bien ainsi que je l'entends.

MADAME LANGELET.

Mais sérieusement ne fut-il pas un temps,
Où l'école de droit vous avait fait connaître
Un jeune étudiant que vous me disiez être
Le fils du président du tribunal civil?

ALBERT.

Oui.

MONSIEUR LANGELET, bas à madame Langelet.

Courage! C'est bien.

MADAME LANGELET, bas à monsieur Langelet.

>Laissez-moi faire. (A Albert.) Est-il
Toujours de vos amis?

ALBERT.

>Oui, du moins je l'espère.

Les affaires ont mis entre nous leur barrière;
Mais j'ai lieu de penser qu'il n'a pas oublié,
Au milieu de leur flot, notre vieille amitié.
Près de lui, par hasard, puis-je vous être utile?
MADAME LANGELET.
Oui; si ce n'était pas chose trop difficile,
Théodore voudrait auprès du tribunal
Remplir les fonctions de médecin légal.
THÉODORE, à madame Langelet.
Vous êtes dans l'erreur!...
MADAME LANGELET, à Théodore.
Nous savons tous, de reste,
Que pour demander rien tu serais trop modeste.
Mais, si ce n'est pas toi, c'est moi qui veux te voir
Au rang qui conviendrait à ton vaste savoir.
ALBERT, à Théodore.
C'est juste; il ne faut pas de fausse modestie.
Qui la pousse à l'excès tombe dans l'apathie,
Et l'homme qui se sent apte pour un emploi,
En le revendiquant, ne blesse aucune loi.
C'est mon opinion; aussi, sans plus attendre,
Auprès de mon ami vais-je pour toi me rendre,
Et si l'événement confirme mon espoir,
Ta nomination te parviendra ce soir.
— Au revoir, chers amis!

MADAME LANGELET, à Albert.
Courage !
MONSIEUR LANGELET, à Albert.
Bonne chance!
ALBERT.
Je puis vous garantir le succès à l'avance.

SCÈNE XI

MONSIEUR LANGELET, MADAME LANGELET,
THÉODORE LANGELET.

MONSIEUR LANGELET.
Ton amorce était bonne, et le pauvre garçon
Ne pouvait pas manquer de mordre à l'hameçon.
MADAME LANGELET.
Vous pourrez me louer plus tard de ma conduite ;
Mais il faut commencer par agir tout de suite,
Et, pendant qu'il s'endort dans son illusion,
Conduire notre ouvrage à sa conclusion.

SCÈNE XII

LES MÊMES, MADAME LOMBARD, CAMILLE.

CAMILLE, à part.
Ce jeune homme en ce lieu ! Je crois sur sa figure

Toujours apercevoir quelque mauvais augure.
  (A madame Lombard.)
Je me retire.

    MADAME LOMBARD.
  Non ; demeure, je le veux.

    CAMILLE.
Veuillez me dispenser d'obéir à vos vœux.

    MADAME LOMBARD.
Nullement.

   MADAME LANGELET, à madame Lombard.
   Vous voyez que, selon notre pacte,
Je suis au rendez-vous parfaitement exacte.

    CAMILLE, à part.
Quel pacte ont-elles fait entre elles, par hasard ?

    MADAME LOMBARD.
Je vous connaissais trop pour craindre aucun retard ;
Mais je n'en dois pas moins de votre exactitude
Vous faire compliment.

    MADAME LANGELET.
    J'ai pris cette habitude.

    MADAME LOMBARD.
Cette habitude-là, c'est une qualité.

    MADAME LANGELET.
Vous me flattez, madame.

MADAME LOMBARD.
            Oui, si la vérité
Peut passer à vos yeux pour une flatterie.

THÉODORE, bas à madame Langelet.
De grâce, finissez cette plaisanterie.

MADAME LANGELET, à madame Lombard.
Mon fils s'impatiente, et maudit ma lenteur
A poursuivre le but des rêves de son cœur.
Je vous ai déjà dit le penchant qu'il éprouve,
Et, comme de nous deux l'une et l'autre l'approuve,
Il ne nous reste plus qu'à savoir à quel point
Mademoiselle aussi ne s'en fâchera point.

CAMILLE, à part.
Je tremble !

MADAME LOMBARD, à madame Langelet.
            Ma fille est d'un esprit trop facile
Pour ne pas à mes vœux être toujours docile.
(A Camille.)
Réjouis-toi, Camille, et bénis ton destin :
Monsieur Langelet fils veut bien t'offrir sa main.

CAMILLE, abasourdie.
A moi ? cela n'est pas possible !

THÉODORE.
            Oui, c'est moi-même,

Qui viens vous déclarer ici que je vous aime
Et que je serai fier d'être votre mari.

MONSIEUR LANGELET.

Comme il parle avec cœur ! J'en suis tout attendri.

CAMILLE, à Théodore.

A cet aveu, monsieur, j'étais loin de m'attendre ;
Vous me teniez naguère un langage moins tendre,
Et si l'on vous avait offert ma main hier,
Vous n'en auriez, je crois, été nullement fier.

MADAME LOMBARD.

De quoi veux-tu parler ?

CAMILLE.

          De rien.

MADAME LOMBARD.

                    Soit ; mais encore ?

CAMILLE.

Adressez-vous plutôt à monsieur Théodore ;
Il vous satisfera plus aisément que moi.

MADAME LOMBARD.

Alors, monsieur, parlez.

THÉODORE.

              Je ne sais pas de quoi
Mademoiselle a pu me conserver rancune.

CAMILLE, à Théodore.

De vos phrases s'il faut vous rappeler chacune,

Je vais vous les redire à peu près mot à mot.
Veuillez bien m'écouter...

THÉODORE.

Camille, c'en est trop.
C'est entendu, j'ai tort ; mes yeux hier encore
N'avaient pas remarqué tout ce qu'en vous j'adore ;
Contre vos qualités ils étaient prévenus,
Et vos charmes divins leur étant inconnus,
J'ai pris à votre égard l'air dur et la voix haute.
Humblement aujourd'hui je confesse ma faute ;
Je vous vois maintenant sous un tout autre jour ;
Je vous aime, soyez sensible à mon amour.

CAMILLE.

Monsieur, j'en suis pour vous profondément fâchée ;
Mais ce retour soudain, dont je suis fort touchée,
S'est trop tardivement chez vous manifesté,
Pour avoir entre nous la moindre utilité :
J'ai, depuis ce matin, pris le parti plus sage
De ne plus désormais songer au mariage.

MADAME LOMBARD, à Camille.

Tu plaisantes, je pense ; allons, parle autrement.
Quand monsieur Théodore a si spontanément
Su de son rang au tien oublier la distance,
A ses vœux ferais-tu la moindre résistance ?

CAMILLE.

Je suis au désespoir de vous contrarier,
Ma mère ; mais j'entends ne pas me marier.

MADAME LOMBARD.

Comment ! tu m'oserais manquer d'obéissance !

CAMILLE.

Ce sera malgré moi ; mais aucune puissance
Ne me fera vouloir ce que je ne veux pas.

MADAME LOMBARD.

Et moi, je te promets que tu te mariras.

CAMILLE.

Nullement, et pourtant mes vœux sont de vous plaire.

MADAME LOMBARD.

A ton aise au couvent je t'en enverrai faire.

CAMILLE.

Si vous me l'ordonnez, au couvent j'entrerai ;
Mais, sachez-le, jamais je ne me marirai.

MADAME LOMBARD.

Non, jamais je n'ai vu pareille effronterie.
    (A Théodore.)
Mais tranquillisez-vous, monsieur, je vous en prie ;
Je saurai la dompter.

CAMILLE.

              Vous pourrez m'affliger,
Mais ne parviendrez pas à me faire changer.

En horreur à tel point j'ai pris le mariage,
Que, pour ne plus vous voir m'en parler davantage,
Je m'en vais dans ma chambre attendre le moment
Où vous aurez pour moi changé de sentiment.

MADAME LOMBARD.

Va, je te rejoindrai; nous ne sommes pas quittes.

SCÈNE XIII

MONSIEUR LANGELET, MADAME LANGELET,
MADAME LOMBARD, THÉODORE LANGELET.

MADAME LOMBARD.

De son entêtement ne craignez pas les suites.

MADAME LANGELET.

Son parti cependant paraît être bien pris.

MADAME LOMBARD.

C'est vrai; le diable s'est logé dans ses esprits.
Moi, qui la connaissais si douce et si facile!
Comme elle est tout à coup devenue indocile!
C'est la première fois qu'elle se montre ainsi.

MONSIEUR LANGELET.

Cela doit nous donner encor plus de souci.

MADAME LANGELET.

Que faire?

MADAME LOMBARD.

Je ne sais; j'y vais songer.

THÉODORE, à part.

       Je tremble.

SCÈNE XIV

Les Mêmes, SUZANNE.

SUZANNE.
J'ai vraiment du bonheur de vous trouver ensemble.
Des tristes contre-temps d'hier je désirais
Aller vous exprimer tour à tour mes regrets.
Mais, puisque tous les quatre en ce lieu je vous trouve,
Je puis vous dire à tous tout ce que j'en éprouve.

MADAME LANGELET.
Si nous avons hier éprouvé quelqu'ennui,
Madame. il n'en est plus question aujourd'hui.

SUZANNE.
Vous n'avez plus alors rien qui vous contrarie?

MADAME LOMBARD.
Au contraire. je suis plus que jamais marrie.

SUZANNE.
Et de quoi, s'il vous plaît?

THÉODORE.
      Hier vous avez vu
Camille être l'objet d'un dédain imprévu.
A se venger mettant apparemment sa joie.

A son tour maintenant elle me le renvoie ;
Tout à l'heure elle vient de refuser ma main...
SUZANNE.
La vôtre ?
THÉODORE.
Oui.
MONSIEUR LANGELET.
Nous avons insisté, mais en vain.
MADAME LANGELET.
Que peut signifier une telle conduite ?
SUZANNE.
Je puis vous l'expliquer, madame, tout de suite.
MADAME LANGELET.
Parlez...
SUZANNE.
Il me paraît aussi clair que le jour
Que dans l'âme elle doit avoir un autre amour,
Et si j'osais nommer le jeune homme qu'elle aime,
Je vous affirmerais que c'est Albert lui-même.
Hier son attitude assez me l'a prouvé.

MADAME LANGELET.
C'est donc vrai ! Cet affront nous était réservé !
Elle ose préférer à mon fils un autre homme !
Et qui préfère-t-elle à Théodore, en somme ?
Un petit va-nu-pieds qui s'appelle avocat...

SUZANNE.
Un ingrat!
THÉODORE.
Rien de plus.
MADAME LOMBARD.
Un ingrat!
MONSIEUR LANGELET.
Un ingrat!

ACTE QUATRIÈME

La scène se passe chez M. Langelet.

SCÈNE PREMIÈRE

MONSIEUR LANGELET, MADAME LANGELET,
THÉODORE LANGELET, ALBERT MARTIN.

THÉODORE.
Quoi! déjà de retour?

ALBERT.
Oui, mon cher Théodore,
Oui, déjà de retour, et triomphant encore.

MADAME LANGELET.
Dans votre mission vous avez réussi?

ALBERT.
Je ne serais pas là, s'il n'en était ainsi.

MADAME LANGELET.
Que de remercîments nous avons à vous faire!

MONSIEUR LANGELET.
Comme tu nous as vite enlevé cette affaire!
Il ne te devait pas être aisé cependant

De pouvoir conférer avec le président ;
C'est aujourd'hui dimanche et, de plus, grande fête.

ALBERT.

C'est vrai ; mais ce qu'on s'est bien fourré dans la tête
Ne peut pas, suivant moi, manquer de réussir.
Les obstacles partout ont semblé s'aplanir ;
J'ai vu d'abord le fils qui m'a conduit au père,
Et j'aurais, si la chose eut été nécessaire,
Par le père, je crois, abordé l'empereur.
Le président m'a fait l'accueil le plus flatteur :
A peine ai-je parlé, qu'il couche sur sa liste
Le nom de Langelet, presque sans que j'insiste.
Demain vous l'apprendrez officiellement.

THÉODORE.

De ton habileté je te fais compliment.

MADAME LANGELET.

Cette journée, Albert, s'est fort bien annoncée ;
Mais il faut la finir comme elle est commencée.

MONSIEUR LANGELET.

C'est aussi mon avis.

SCÈNE II

Les Mêmes, MADAME LOMBARD. (Madame Lombard entre sans être aperçue, et prête l'oreille.)

MADAME LANGELET, à Albert.

Vous dînez avez nous?

ALBERT.

Avec plaisir; je suis entièrement à vous.
Permettez-moi de faire une courte tournée,
Et je passe avec vous la fin de la journée.

MADAME LANGELET.

Que votre absence au moins ne dure pas longtemps!

ALBERT.

Mes amis, je ne sors que pour quelques instants.
(Il aperçoit madame Lombard. A part.)
Ah! madame Lombard! Je sens toute ma flamme
Renaître à son aspect et dévorer mon âme.
(Il sort en la saluant profondément.)

SCÈNE III

MONSIEUR LANGELET, MADAME LANGELET, MADAME LOMBARD, THÉODORE LANGELET.

MADAME LOMBARD, désignant Albert.

Ce jeune homme est-il donc enraciné chez vous,

Et ne pourrai-je pas, je le dis entre nous,
Venir un jour vous voir, sans qu'aussitôt son ombre
S'estompe devant moi sur ces murs qu'elle encombre?

THÉODORE.
Madame, vous savez parler élégamment.

MADAME LOMBAR'
Point du tout; mais je dis les ch˻ ˻˻mplement.
Sinon précisément comme elles ˻ ˻ ˻ut-être,
Au moins comme à mes yeux je les sens apparaître.

THÉODORE.
Et vos yeux, n'est-ce pas, se trompent rarement?

MONSIEUR LANGELET.
Le fait est que ma femme est trop bonne vraiment.

THÉODORE.
Cela n'est que trop vrai.

MADAME LOMBARD.
                Comment, chère madame,
Ne voyez-vous donc pas que, dans le fond de l'âme,
Ce que chez vous Albert prend en affection,
Ce n'est pas l'habitant, mais l'habitation?
Il n'est peut-être pas plus mauvais que les autres;
Mais nous ne sommes plus au temps des douze apôtres;
La seule charité qui s'observe aujourd'hui,
Commence par soi-même et finit par autrui.

MONSIEUR LANGELET, à part.

S'il en reste...

MADAME LOMBARD.

Comment?

MONSIEUR LANGELET.

Je ne dis rien, j'approuve.

MADAME LOMBARD.

Et vous, approuvez-vous, madame?

MADAME LANGELET.

Moi, je trouve
Qu'il ne faut pas ainsi voir les choses en mal;
Je crois que, si l'homme est un méchant animal,
En revanche il possède aussi dans sa nature
De bons instincts, que peut féconder la culture.
En ce qui touche Albert, je ne puis pas penser
Que, lorsqu'il s'agira de me récompenser,
Il oublie un instant que, durant sa jeunesse,
J'ai toujours d'une mère eu pour lui la tendresse.

MADAME LOMBARD.

Vous êtes généreuse, et vous ne pensez pas
Que vous puissiez trouver un ingrat sous vos pas;
Mais la chose pourtant n'en est pas moins certaine,
Et vous saurez un jour si ma crainte était vaine.

MADAME LANGELET.

Je ne devine pas ce qu'un jour je saurai;

Mais je veux croire au bien, tant que je le pourrai.
MONSIEUR LANGELET.
Quel bon cœur!
MADAME LOMBARD.
Je vous plains d'être encor si crédule.
MADAME LANGELET.
Cette crédulité n'a rien de ridicule.
MADAME LOMBARD.
Non; mais sincèrement je ne puis concevoir
Que dans l'âme d'Albert vous ne sachiez mieux voir.
S'il faut vous le donner d'une façon bien nette,
Mon avis est qu'Albert est votre pique-assiette,
Et qu'il s'empresserait de vous abandonner,
Si vous ne l'invitiez tous les jours à dîner.
THÉODORE.
Je pense comme vous; cette simple peinture
Me semble de tout point faite d'après nature.
MONSIEUR LANGELET.
Madame, elle vous vaut mon admiration.
THÉODORE, bas à M. Langelet.
Mon père, modérez votre exaltation;
Le travail n'était pas difficile pour elle;
Elle n'a pas été chercher loin son modèle.
MADAME LOMBARD.
Eh bien! vous entendez ces messieurs; allez-vous

Défendre encore Albert envers et contre tous?

MADAME LANGELET.

S'il m'oubliait un jour, il serait si coupable
Qu'aujourd'hui je ne puis l'en présumer capable.

MADAME LOMBARD.

Puisque vous persistez dans votre opinion,
Je veux bien vous laisser dans votre illusion.
Mais, si vous ne craignez aucune ingratitude,
Du temps vous admettrez au moins l'incertitude.
Qui sait, lorsqu'il devra vous payer de retour,
Si vous verrez encor l'un et l'autre le jour?
En attendant, il est et reste incontestable
Qu'il vit à vos dépens, qu'il mange à votre table,
Que votre bien lui semble être presque le sien,
Et qu'il ne saurait pas vous être utile en rien.
Est-ce vrai?

MONSIEUR LANGELET.

Vous parlez comme Jean Chrysostome.

MADAME LANGELET.

Vous vous faites d'Albert, sans motif, un fantôme.

MADAME LOMBARD.

Que je le fasse voir tel ou non tel qu'il est,
Je n'en croirai pas moins pour cela, s'il vous plaît,
Que nous devons, avant de le livrer aux autres,
Faire de notre bien jouir d'abord les nôtres.

THÉODORE, à part.
Elle ne prenait pas nos intérêts si bien,
Quand de moi pour sa fille elle n'espérait rien.
MADAME LANGELET.
L'amitié, lorsqu'elle est véritablement pure,
N'admet pas des calculs d'une telle nature,
Et nous ne devons pas donner un moindre rang
Au véritable ami qu'au plus proche parent.
MADAME LOMBARD.
De règle à cet égard il faut parfois qu'on change;
A votre sentiment un instant je me range,
Et j'admets que, formés par le sang ou le cœur,
Nos liens en principe aient la même valeur.
Au moins, pour s'arroger ces droits indivisibles,
Faut-il que nos amis ne nous soient pas nuisibles
Or, vous ne l'avez pas, je présume, oublié,
Albert, quelle que soit pour vous son amitié,
Est l'obstacle maudit, qui, retenant Camille,
Nous empêche d'unir votre fils à ma fille.
THÉODORE.
Est-ce qu'elle persiste encor dans ses refus?
MADAME LOMBARD.
Je n'osais en parler, tant j'ai le cœur confus.
Après votre départ, en vain je l'ai grondée;
Elle a persévéré dans sa première idée.

Son fol entêtement cessera tôt ou tard ;
Mais si vous désirez qu'il cesse sans retard
(Madame, c'est à vous surtout que je m'adresse),
Il vous faut pour Albert avoir moins de tendresse.
Ma fille ne pourra l'oublier aisément
Que si nous l'éloignons d'elle complètement.
Pour atteindre ce but, il vous faut donc sur l'heure
Le prier de ne plus hanter votre demeure.

MADAME LANGELET.

De toutes vos raisons je sens la vérité ;
Mais, quand rien pour Albert ne m'a jamais coûté,
Quand j'ai tout fait pour lui, j'ai peine à me résoudre
A voir des nœuds si chers tout à coup se dissoudre.

MADAME LOMBARD.

Il le faut cependant ; réfléchissez-y bien.
Je devais, pour n'avoir à me reprocher rien,
Vous donner cet avis qui me semble fort grave.
Il ne tient plus qu'à vous de rompre toute entrave.
Je vous quitte, et je pense, en cette occasion,
N'avoir à craindre en rien votre décision.

MADAME LANGELET, à monsieur Langelet.

Mon ami, voulez-vous reconduire madame ?

MONSIEUR LANGELET.

Certes.

SCÈNE IV

MADAME LANGELET, THÉODORE LANGELET.

THÉODORE.
Vous me mettez la mort au fond de l'âme.
Pourquoi ne pas céder?
MADAME LANGELET.
　　　　　　Tais-toi donc, maladroit;
J'ai voulu simplement me donner le bon droit.
THÉODORE.
Vous êtes à ce jeu d'une force exemplaire;
Je vous laisse le soin d'achever cette affaire.

SCÈNE V

MADAME LANGELET.

Je puis avec Albert rompre dès aujourd'hui.
Après l'attachement que j'ai montré pour lui,
Nul ne se doutera que c'est moi qui le chasse;
De ma sollicitude on croira qu'il se lasse,
Et que d'anciens amis, dont il peut se passer,
Il veut dorénavant ne plus s'embarrasser.
Il faut que je m'apprête à lui chercher dispute.
On vient; c'est lui sans doute; armons-nous pour la lutte.

SCÈNE VI

MADAME LANGELET, MONSIEUR GAUTHIER.

MONSIEUR GAUTHIER.
Madame, veuillez bien de mon profond respect
Agréer l'humble hommage...
MADAME LANGELET.
                    Ah ! c'est vous ?
MONSIEUR GAUTHIER.
                              Mon aspect
Paraît vous étonner, madame ?
MADAME LANGELET, froidement.
                    Je l'avoue.
MONSIEUR GAUTHIER.
Votre froideur me plaît, madame, et je la loue.
C'est votre cœur qui seul a pu vous l'inspirer,
Et c'est avec lui seul que je veux conférer.
MADAME LANGELET.
Trêve de compliments, monsieur, je vous en prie ;
Vous ne me ferez pas, par cette flatterie,
Oublier les affronts que j'ai reçus de vous.
MONSIEUR GAUTHIER.
J'ai mérité, madame, hier votre courroux ;
Si de votre pardon vous me jugez indigne,
A ne jamais l'avoir même je me résigne.

Je reconnais mes torts; votre juste rigueur
Ne me fera donc pas accuser votre cœur.
Mais, dans votre intérêt, j'ai deux mots à vous dire;
Laissez-moi m'expliquer, et puis je me retire.

MADAME LANGELET.

De mon propre intérêt vous prenez trop de soin;
Mais, si vous en avez un si profond besoin,
Parlez, et hâtez-vous; car je suis fort pressée.

MONSIEUR GAUTHIER.

Je vais brièvement vous dire ma pensée :
J'ai ce matin été voir madame Lombard;
Elle rejette Albert, et je tiens de sa part
Que monsieur votre fils doit épouser sa fille.

MADAME LANGELET.

Théodore, en effet, descend jusqu'à Camille;
Mais madame Lombard aurait pu s'abstenir
De chanter son triomphe, avant de le tenir.

MONSIEUR GAUTHIER.

Elle n'a point été, je l'affirme, indiscrète.
Comme d'Albert j'étais près d'elle l'interprète,
Et que, lui rappelant notre projet d'hymen,
De sa fille pour lui je réclamais la main,
Elle a dû m'avouer quelle était la barrière
Qui l'empêchait ainsi d'accueillir ma prière.

MADAME LANGELET.
Elle pouvait fort bien ne pas vous l'avouer.
MONSIEUR GAUTHIER.
De son aveu je crois qu'il vous faut la louer :
C'est lui qui me permet de vous ôter l'envie
D'unir à votre fils Camille pour la vie.
MADAME LANGELET.
Comment cela?
MONSIEUR GAUTHIER.
La chose est fort simple, vraiment :
Albert est de Camille épris éperdument,
Et Camille lui rend l'amour qu'il a pour elle ;
A tout autre lien elle sera rebelle ;
Son cœur dans l'avenir, aussi bien qu'aujourd'hui,
Ne verra, ne vivra, n'aimera que par lui.
MADAME LANGELET.
Et la conclusion?
MONSIEUR GAUTHIER.
La prémisse l'annonce :
Il faut que votre fils à Camille renonce.
MADAME LANGELET.
Et pourquoi, je vous prie?
MONSIEUR GAUTHIER.
Un mariage entre eux
Du même coup ferait au moins trois malheureux!

MADAME LANGELET.

Camille avec mon fils ne sera point à plaindre,
Et je crois n'avoir rien pour Théodore à craindre :
Il a tout ce qu'il faut pour plaire et pour charmer;
Si Camille a du cœur, elle devra l'aimer;
Et franchement, monsieur, votre sollicitude
Aurait pu s'affranchir de cette inquiétude.

MONSIEUR GAUTHIER.

C'est parce que je sais qu'elle a beaucoup de cœur,
Qu'une telle union serait un grand malheur !
Croyez-le bien, madame, à l'âge de Camille
L'amour est bien puissant dans le cœur d'une fille;
On ne l'en chasse pas : contre lui chaque effort
Du combat qu'il soutient le fait sortir plus fort.

MADAME LANGELET.

Avant de m'étourdir de ces billevesées,
Monsieur, vous devriez les avoir mieux pesées.
Mon temps est précieux, et je ne puis vraiment
Écouter davantage un tel raisonnement.

MONSIEUR GAUTHIER.

De grâce, entendez-moi, madame; mes paroles
Sont malheureusement bien loin d'être frivoles.
Vous aimez votre fils, vous voulez son bonheur,
Vous êtes bonne mère, et vous avez à cœur
De lui rendre la vie exempte d'infortune.

Eh bien, pardonnez-moi si je vous importune,
Mais je vous en conjure au nom de votre enfant,
Au nom de son bonheur dont le vôtre dépend,
Opposez-vous, tandis qu'il en est temps encore,
A l'hymen monstrueux que pour tous je déplore.

MADAME LANGELET.

Je vous quitte ; vraiment vous êtes fou, monsieur.

MONSIEUR GAUTHIER, avec indignation.

Vous êtes, vous, madame, une femme sans cœur !

SCÈNE VII

MONSIEUR GAUTHIER, seul.

Tant d'obstacles me font enfin perdre courage,
Et je n'espère plus terminer mon ouvrage.
Partout où pour Albert je cherche des amis,
Je rencontre des gens qui sont ses ennemis.
Celle qui désirait hier l'avoir pour gendre
L'accuse la première, au lieu de le défendre ;
Madame Langelet et son fils, tous les deux,
Semblent se concerter pour entraver mes vœux ;
Celui-ci, qui semblait ne pas aimer Camille,
Cherche aujourd'hui la main de cette jeune fille ;
Et sa mère, faisant taire son cœur hautain,

Paraît ouvertement approuver son dessein;
Pour mon ami, Suzanne, autrefois empressée,
Contre lui maintenant semble être courroucée;
Sans avoir pour cela d'apparente raison,
Lui-même il ne veut plus fréquenter ma maison.
Pourquoi s'en abstient-il, et d'où vient la réserve
Que vis-à-vis de moi maintenant il observe?...
J'erre dans un dédale; afin de m'en sauver,
Je cherche un fil, et crains presque de le trouver!...
Suzanne, à mon égard, serait-elle coupable?
Non, d'un crime pareil ma femme est incapable.
Le criminel, s'il peut entre nous exister,
C'est moi, qui de son cœur ne devrais point douter!...
Pourtant quelqu'un me trompe; autrement sans mystère
Je verrais tout le monde ou parler ou se taire.
Mais qui me trompe alors? Serait-ce Albert? Mais non :
Il a de mon ami toujours porté le nom;
Il ne peut me trahir, cela n'est pas possible;
A mon affection il fut toujours sensible,
Et je ne devrais pas sur lui faire planer
Les soupçons que j'essaye en vain de dominer...
N'importe! il reste vrai qu'un voile impénétrable
M'entoure d'une nuit qui m'est intolérable;
Je n'y puis plus tenir, je veux le déchirer...

SCÈNE VIII

MONSIEUR GAUTHIER, SUZANNE.

MONSIEUR GAUTHIER.

Quel hasard en ce lieu me fait te rencontrer?

SUZANNE.

La même question m'allait sortir des lèvres.
Réponds-moi le premier : me diras-tu quels lièvres
Tu viens ainsi chasser sur le terrain d'autrui?

MONSIEUR GAUTHIER.

Si tu me vois ici, c'est à cause de lui.

SUZANNE.

Qui, lui?

MONSIEUR GAUTHIER.

Tu le sais bien : Albert.

SUZANNE.

Sur ma parole
Albert te fait remplir un bien absurde rôle.

MONSIEUR GAUTHIER.

Tu le crois? eh bien, j'ai la même peur que toi.

SUZANNE.

Albert! toujours Albert! on jurerait, ma foi,
Qu'Albert tient ta raison à la sienne enchaînée.

MONSIEUR GAUTHIER.

Je ne crains pas pour toi la même destinée.

SUZANNE.

Et je m'en félicite.

MONSIEUR GAUTHIER.

Il me semble pourtant
Que tu n'en aurais pas naguère dit autant.

SUZANNE.

Tu dis que ?...

MONSIEUR GAUTHIER.

Que je t'ai certainement connue
Jadis en sa faveur beaucoup mieux prévenue.

SUZANNE.

Que veut dire cela?

MONSIEUR GAUTHIER.

C'est à moi qu'il convient
D'être informé par toi d'où ce changement vient.

SUZANNE.

Ce changement, Henri, n'est que dans ta pensée;
Autrement, j'en conviens, je serais insensée.

MONSIEUR GAUTHIER.

Tu n'es pas insensée, et pour lui dans le cœur
Tu n'as plus l'amitié qui faisait mon bonheur.

SUZANNE.

Peut-être as-tu raison; je ne suis pas un ange,
Et la loi des humains, c'est que chez eux tout change.

MONSIEUR GAUTHIER.

Tout change avec le temps; mais sans motif certain
Nul changement n'a lieu du jour au lendemain.

SUZANNE.

Peut-être avait-il bien aussi sa raison d'être.

MONSIEUR GAUTHIER.

Alors tu dois pouvoir me la faire connaître.

SUZANNE, à part.

Que dire? (A M. Gauthier.) Mon ami, soyons de bonne foi,
Tu la sais aussi bien et même mieux que moi.

MONSIEUR GAUTHIER.

Je crois la deviner; mais, quand je l'envisage,
Je ne puis, sans frémir, en contempler l'image;
Tout mon sang me reflue au cœur, et je ne veux
Rien croire avant d'avoir entendu tes aveux.
Parle donc... ne crains rien... je suis calme... j'écoute.

SUZANNE.

Je ne sais pas vraiment ce que ton cœur redoute,
La retraite d'Albert a seule assurément
Hier soir excité mon mécontentement.

MONSIEUR GAUTHIER.

C'est faux!

SUZANNE.

Ah! c'est trop fort! Je n'admets pas qu'on ose
Articuler ce mot, quand je dis quelque chose.

Va t'éclairer ailleurs, si tu ne me crois point;
Mais je ne veux plus être insultée à ce point.

MONSIEUR GAUTHIER.

Mon ange bien-aimé, ma femme, ma Suzanne,
Si j'ai pu prononcer un mot qui te profane,
Pardonne, je t'en prie, à mon émotion.
Plus que jamais pourtant c'est ma conviction,
Albert m'a mal payé du zèle qui m'anime.
Si sa retraite était uniquement son crime,
Pour lui tu n'aurais pas un si profond courroux,
Et lui-même à ma voix il reviendrait chez nous.
Si tu l'as devant toi vu prendre hier la fuite,
C'est qu'il avait horreur de sa propre conduite,
Et qu'il ne pouvait plus soutenir ton regard;
Et, si pour revenir il met tant de retard,
C'est que la honte en lui sur l'audace l'emporte,
Et qu'il tremble, en passant le seuil de notre porte,
De rencontrer encor ton œil accusateur.
Suzanne, sois sincère, et parle-moi sans peur.

SUZANNE, à part.

Je suis vengée enfin. (A M. Gauthier.) Eh bien! je m'y résigne :
De ton affection ton ami n'est pas digne.

MONSIEUR GAUTHIER.

Ah! quelle trahison! Le perfide! *l'ingrat!*

SUZANNE.

Ciel! le voici! Je fuis; mais surtout pas d'éclat!
MONSIEUR GAUTHIER.
Va, laisse-moi; je sais ce qu'il faut que je fasse.

SCÈNE IX
MONSIEUR GAUTHIER, ALBERT MARTIN.

MONSIEUR GAUTHIER, à part.
Voyons s'il osera me regarder en face!
ALBERT.
Cher Henri, sur mes pas je te trouve toujours
Comme un ange gardien qui veille sur mes jours...
MONSIEUR GAUTHIER, d'un ton lugubre.
Comme un ange gardien qui veille sur un traître!
ALBERT.
D'où vient donc le courroux que tu me fais paraître?
Il n'est pas sérieux, et tu veux plaisanter?
MONSIEUR GAUTHIER.
Tu voudrais par la feinte en vain t'innocenter;
N'ajoute pas au crime encor l'hypocrisie.
ALBERT.
Je ne puis rien comprendre à cette frénésie.
Je le répète encore:

MONSIEUR GAUTHIER.

Alors, écoute-moi :
Tu dois te rappeler ce que j'ai fait pour toi ;
Pour avoir le bonheur de te rendre service,
Je n'aurais reculé devant nul sacrifice...

ALBERT.
J'ai de ton dévoûment gardé le souvenir.

MONSIEUR GAUTHIER.
Écoute-moi, te dis-je, et laisse-moi finir :
Comment m'as-tu payé? Par une perfidie
En silence chez moi contre moi-même ourdie.
Si, par malheur, Suzanne avait eu moins de cœur,
Je serais maintenant un homme sans honneur!

ALBERT.
C'est faux! je n'ai jamais trompé ta confiance.

MONSIEUR GAUTHIER.
Sois franc ; ne lutte pas contre ta conscience.

ALBERT.
Je jure devant Dieu que je n'ai rien tramé!

MONSIEUR GAUTHIER.
Ne te parjure pas, je suis bien informé.

ALBERT.
Qui donc d'un tel forfait m'a prétendu capable?

MONSIEUR GAUTHIER.
Ma femme!

ALBERT.

Elle?

MONSIEUR GAUTHIER.

Ma femme!

ALBERT, courbant la tête.

Alors... je suis coupable.

MONSIEUR GAUTHIER.

C'est fort heureux vraiment qu'il te convienne enfin
De ne pas contester plus longtemps ton dessein.
En gens de cœur il faut maintenant nous conduire;
Nous sommes l'un pour l'autre un mal qu'il faut détruire :
Battons-nous, mais à mort, et jusqu'au coup mortel,
Sans nous lasser, tous deux prolongeons le duel.

ALBERT.

Me battre! Non, jamais. Prends, si tu veux, ma vie,
Fais-moi périr ici, c'est moi qui t'en convie;
Tu me verras sans plainte accepter le trépas;
Mais, tu m'entends, Henri, je ne me battrai pas.

MONSIEUR GAUTHIER.

Tu ne veux pas te battre avec moi?

ALBERT.

Non, te dis-je,
Jamais!

MONSIEUR GAUTHIER.

Tu te battras, entends-tu? Je l'exige.

ALBERT.

Jamais !

MONSIEUR GAUTHIER.

Quand tu voulais me ravir mon honneur,
Craindras-tu pour mes jours plus que pour mon bonheur?

ALBERT.

Peut-être.

MONSIEUR GAUTHIER.

Dis plutôt le mot : tu n'es qu'un lâche !

ALBERT.

Assez; nous nous battrons à mort et sans relâche.
L'heure et le lieu ?

MONSIEUR GAUTHIER.

Ce soir, vers le déclin du jour,
Dans le bois de Boulogne, au premier carrefour.

ALBERT.

Je m'y rendrai.

MONSIEUR GAUTHIER.

J'y compte.

SCÈNE X

ALBERT MARTIN, se laissant tomber dans un fauteuil.

Ah ! c'est trop de misère !
Dieu veuille que la mort vienne enfin m'y soustraire.
(Il se cache le visage dans les mains.)

SCÈNE XI

ALBERT MARTIN, THÉODORE LANGELET.

THÉODORE, à part.

Albert ! Dans quel chagrin il me semble plongé !
De ma mère aurait-il déjà reçu congé ?
En affaires vraiment elle est tellement prompte,
Qu'elle lui pourrait bien avoir réglé son compte.
Vérifions la chose... (A Albert.) Albert, mon cher ami,
Qu'as-tu donc ? Es-tu mort, ou n'es-tu qu'endormi ?

ALBERT, relevant la tête.

Je ne suis, par malheur, ni l'un ni l'autre encore ;
Mais je suis accablé de chagrin, Théodore.

THÉODORE.

Ne peux-tu pas, Albert, me dire au moins pourquoi ?

ALBERT.

Je n'ai, tu le sais bien, rien de caché pour toi ;
J'ai ce soir un duel dans le bois de Boulogne.

THÉODORE, comprimant son étonnement.

Tu vas nous faire là de la belle besogne.
(A part.)
En voilà bien une autre, et j'apprends du nouveau.
Ah ! s'il pouvait se faire un peu trouer la peau !...
(A Albert.)
Contre qui te bats-tu ?

ALBERT.
Contre un homme que j'aime.

THÉODORE.
Tu le nommes?

ALBERT.
Henri.

THÉODORE.
Pas possible?

ALBERT.
Lui-même.

THÉODORE.
D'amis aussi liés que vous l'avez été
Comment arrivez-vous à cette extrémité?

ALBERT.
S'il est vrai que tu sois, comme tout me l'atteste,
De mes anciens amis le dernier qui me reste,
Ne m'interroge pas sur ce triste secret;
Mon silence à mes maux encore ajouterait.
A l'amitié consens ce premier sacrifice,
Et puis couronne-la par un dernier service.

THÉODORE.
Lequel?

ALBERT.
Dans mon duel ce soir j'aurais besoin
Que tu voulusses bien me servir de témoin.

THÉODORE.

Quoique pour moi ce soit un spectacle pénible,
Tu peux compter sur moi dans cet instant terrible.
　　　(A part.)
Il est vraiment aimable ; il consent galamment
A me faire assister à son écharpement.

ALBERT.

Je n'attendais pas moins de toi, cher Théodore ;
Merci !

THÉODORE.

　　　Ne suis-je pas ton ami ? (A part.) Je l'adore :
Ma mère va bien rire, en apprenant cela ;
Courons lui raconter l'histoire... La voilà !

SCÈNE XII

Les Mêmes, MADAME LANGELET.

ALBERT.

Ta mère ! Pas un mot. Si je suis près du gouffre,
De m'y voir évitons au moins qu'elle ne souffre.

THÉODORE.

Tu peux te reposer sur ma discrétion.

ALBERT, à madame Langelet.

Vous voyez que je suis un homme d'action ;
En trois quarts d'heure au plus j'ai fini ma tournée.

MADAME LANGELET, brutalement.

Rien ne vous empêchait d'y mettre la journée.

THÉODORE, à part.

Filons ; voici, je crois, le moment du congé.

SCÈNE XIII

MADAME LANGELET, ALBERT MARTIN.

ALBERT.

Qu'avez-vous donc ? Votre air est pour moi tout changé,
Madame ; à mon insu vous ai-je encor blessée ?

MADAME LANGELET.

Ne dissimulez pas ainsi votre pensée.
Par la feinte une fois vous m'avez pu duper ;
Mais on ne parvient pas deux fois à me tromper ;
Je connais maintenant la noirceur de votre âme.

ALBERT.

Quoi qu'il soit arrivé, je vous jure, madame,
Que je suis innocent, et que je ne sais point
Ce qui peut vous avoir irritée à ce point.

MADAME LANGELET.

Vous avez contre moi dirigé des manœuvres
Que vous n'ignorez pas, puisqu'elles sont vos œuvres.

ALBERT.

Sur l'honneur, je ne sais ce que vous m'imputez.

MADAME LANGELET.

Ah ! monsieur, c'est trop fort, et vous me révoltez.
Quoi ! vous ne savez pas qu'envoyé par votre ordre,
Comme un chien furieux qui ne songe qu'à mordre,
Votre ami tout à l'heure a pénétré chez moi,
Qu'il m'a voulu, mettant à profit mon émoi,
Détourner d'un hymen, dont vous, en apparence,
Vous aviez à mon fils laissé la préférence,
Et qu'enfin, ne pouvant accomplir son dessein,
Il a vomi sur moi son ignoble venin !

ALBERT.

J'ignorais tout cela.

MADAME LANGELET.

        Lorsque de ces menées
Vous êtes seul l'esprit qui les a combinées,
Vous soutenez encor que vous ne savez pas
Ce qu'a fait votre ami, qui n'était que le bras ?

ALBERT.

Mon ami, quel qu'il soit, dans toute cette affaire,
N'a point pris mon avis, avant que de rien faire.

MADAME LANGELET.

Puisque vous persistez à tout nier, c'est bien ;
Je ne vous force pas de me confesser rien ;
Ce que j'affirme étant certain, je ne désire
Ni vous voir approuver ni vous voir contredire.

Dites blanc, dites noir; par votre assertion
Vous ne changerez rien à ma conviction.

ALBERT.

Vous me jugez coupable avant que de m'entendre ;
Au moins permettez-moi d'abord de me défendre.

MADAME LANGELET.

Je ne vous l'ai permis que trop jusqu'à ce jour.
Veuillez bien me laisser vous parler à mon tour.
Sans vouloir m'en vanter en aucune manière,
Je vous ai fort longtemps remplacé votre mère.

ALBERT.

J'en garde la mémoire au fond de mes esprits.

MADAME LANGELET.

Je vous ai fait du bien, sans attendre aucun prix.
Il vous fut cependant, dans une circonstance,
Donné de me prouver votre reconnaisance :
Mon fils aimait Camille ; il s'agissait pour vous
De ne plus désirer devenir son époux ;
Vous pouviez nous montrer une âme généreuse ;
De cette occasion pour vous j'étais heureuse.
De vos intentions ne laissant rien percer,
Vous avez volontiers paru la lui laisser.
Puis, connaissant mon cœur et pensant le surprendre,
Vous avez par un tiers tâché de la reprendre.

A son désir j'allais céder sans différer,
Lorsque la vérité vint du ciel m'éclairer,
Et vous, sans réussir dans votre perfidie,
Vous m'avez révélé votre âme abâtardie.

ALBERT.

De grâce, laissez-moi d'abord me disculper.

MADAME LANGELET.

Non pas ; vous chercheriez encore à me tromper.
Entre nous, désormais, il faut que tout finisse ;
Allez ruser ailleurs, et que Dieu vous bénisse !

ALBERT.

Me condamnerez-vous sans m'avoir entendu ?
Attendez que du moins je me sois défendu.

MADAME LANGELET.

Non, monsieur, non ; d'ailleurs je n'ai pas le courage
De rester face à face avec vous davantage.

SCÈNE XIV

ALBERT MARTIN, tombant dans un fauteuil.

Ah ! quelle cruauté !

(Il pleure en silence.)

SCÈNE XV

ALBERT MARTIN, MADAME LOMBARD, CAMILLE.

CAMILLE, à madame Lombard, sans voir Albert.
Je me résigne à tout.

MADAME LOMBARD.

Pour monsieur Langelet, si tu n'as pas de goût,
Cela viendra, te dis-je, après le mariage.

CAMILLE.

Épargnez-moi, ma mère, un semblable langage :
Si je l'épouse, au moins, sans vous désobéir,
A ma guise je veux l'aimer ou le haïr.
(Apercevant Albert.)
O ciel !

MADAME LOMBARD, l'apercevant aussi.
Encore lui !

CAMILLE.
Quel air plein de souffrance !

ALBERT, sans voir madame Lombard et Camille.
Allons, du cœur! j'aurai ce soir ma délivrance.

CAMILLE, bouleversée.
Que dit-il?... Il se lève... il va m'apercevoir!

MADAME LOMBARD, à Camille.

Ne dis rien...

(Albert, en se levant, aperçoit madame Lombard et Camille.)

CAMILLE.

Il nous voit!

MADAME LOMBARD.

Tais-toi, c'est ton devoir.

(Albert les salue profondément et sort.)

CAMILLE, l'appelant avec désespoir.

Albert!... Il n'entend pas! Ah! je sens que je l'aime!

SCÈNE XVI

MADAME LOMBARD, CAMILLE.

MADAME LOMBARD.

Silence! Ta folie est donc toujours la même?

CAMILLE.

Si vous le désirez, je suis folle à lier;
Mais ce que j'ai promis il vous faut l'oublier.

MADAME LOMBARD.

Qu'est-ce à dire, ma fille!

CAMILLE.

Il vous faut me permettre
De ne pas observer ce que j'ai pu promettre.

MADAME LOMBARD.

Mais encore pourquoi?

CAMILLE.

Parce que, par malheur,
Je sens que pour cela j'ai trop peu de vigueur.

MADAME LOMBARD.

Est-ce, mademoiselle, une plaisanterie?

CAMILLE.

Non, je m'étais liée avec étourderie,
Voilà tout. Maintenant je comprends que j'avais
Tout à l'heure promis plus que je ne pouvais.
Vos prédilections pour monsieur Théodore
Ne me le feront point épouser; je l'abhorre.

MADAME LOMBARD.

Tu demeureras fille, ou tu l'épouseras.

CAMILLE.

J'aime mieux rester fille et libre d'embarras.

MADAME LOMBARD.

Quel cheval échappé! Je le vois apparaître.
Ne laisse rien voir.

SCÈNE XVII

Les Mêmes, THÉODORE LANGELET.

THÉODORE, sans voir madame Lombard ni Camille.
　　　　Où ma mère peut-elle être ?
Je la cherche partout sans pouvoir la trouver.
　　(Apercevant madame Lombard et Camille.)
Je suis vraiment ravi de vous voir arriver.
　　(A part.)
La fille ici !. Ma cause a l'air d'être meilleure.
　　(A madame Lombard.)
Vous allez posséder ma mère tout à l'heure ;
Votre visite va lui faire un grand plaisir.
Moi-même je l'attends, ayant le vif désir
De lui faire connaître une grande nouvelle.

MADAME LOMBARD.
Serait-il indiscret de demander laquelle ?

THÉODORE.
De la dissimuler il n'est guère besoin :
Je vais dans un duel être aujourd'hui témoin.

CAMILLE.
Dans un duel ? (A part.) Mon Dieu ! soutenez-moi, je tremble.

MADAME LOMBARD.
Et quels sont les deux fous qui se battent ensemble ?

THÉODORE.

Je vous les donne en cent.

MADAME LOMBARD.

Autant me les cacher;
J'essairais, j'en suis sûre, en vain de les chercher.

CAMILLE.

Si vous les connaissez, nommez-les sans mystère.
Albert en serait-il? Dites.

THÉODORE, à Camille.

Je puis me taire,
Vous l'avez dit.

CAMILLE.

Cela n'est pas possible! non.
Vous voulez me tromper, en m'indiquant ce nom?

THÉODORE.

Je ne vous trompe pas; qui plus est, je dois être
Bien informé du nom que je vous fais connaître;
Car je suis son témoin.

CAMILLE.

Vous ne souffrirez pas
Que votre ami se batte et s'expose au trépas.

THÉODORE.

Cela n'est pas aisé.

CAMILLE.

Si vous êtes sensible,
Si vous l'aimez enfin, cela vous est possible.

THÉODORE.

Je ne réponds de rien.

MADAME LOMBARD.

Et l'autre combattant,
Quel est-il?

THÉODORE.

C'est l'ami qui semblait l'aimer tant,
Monsieur Gauthier.

MADAME LOMBARD.

Vraiment?

THÉODORE.

Pour être invraisemblable,
Cette nouvelle-là n'est pas moins véritable.

CAMILLE.

Et vous pourrez les voir d'un œil indifférent
Ce soir dans un duel vider leur différend?

THÉODORE.

Comment puis-je arrêter l'ardeur qui les enflamme?

CAMILLE.

Comment?... Vous le sauriez, si vous aviez plus d'âme.
Vous ne le voulez pas ; votre refus m'est doux,
Et j'ai honte d'avoir osé compter sur vous...
Allons, venez, ma mère, avec moi tout de suite...
Sauvons Albert... ma mère!... Ah! ma force me quitte.

(Elle s'évanouit.)

ACTE CINQUIÈME

La scène se passe chez M. Gauthier

SCÈNE PREMIÈRE

SUZANNE, seule.

Où m'a précipitée un amour infernal ?
Je n'étais pas méchante, et j'ai fait bien du mal...
Je redoute un malheur... On vient ! Que vais-je apprendre ?

SCÈNE II

SUZANNE, ALBERT MARTIN.

SUZANNE.

Vous, dans ma maison !

ALBERT.

Moi. Consentez à m'entendre ;
C'est la dernière fois que je viens vous troubler.

SUZANNE.

De quel droit, s'il vous plaît, venez-vous me parler ?

ALBERT.

Je pourrais vous répondre avec la même emphase ;
Mais je veux vous parler ici sans grande phrase :
Dans une heure je vais me battre avec Henri.

SUZANNE.

Vous? Vous allez vous battre ?

ALBERT.

     Oui.

SUZANNE.

        Contre mon mari ?

ALBERT.

Oui ; vous devez d'ailleurs le savoir mieux qu'une autre ;
Ce duel est votre œuvre encor plus que la nôtre.

SUZANNE.

Ah ciel ! tout est perdu !

ALBERT.

      Madame, calmez-vous ;
Il n'arrivera point de mal à votre époux :
Je me ferai tuer ; je suis las de la vie ;
La mort est désormais le seul bien que j'envie.
Tous ceux de mes amis que j'ai le mieux aimés
Aujourd'hui contre moi sont de haine animés.
Rien ne me dédommage : il était une femme

Qui seule eût pu guérir les douleurs de mon âme;
Théodore l'aimait; trop prompt à m'oublier,
J'ai cru que je devais la lui sacrifier.
Henri, qui des amis fut pour moi le modèle,
A cherché sans succès, mais toujours avec zèle,
A conduire mes pas vers la félicité ;
Jusqu'ici son dessein a toujours avorté.
Si je meurs de sa main, à son insu sans doute,
Il m'aura vers son but ouvert enfin la route.
Quand je ne serai plus, ceux qui grondent tout bas
Me placeront bien haut au nombre des ingrats.
Que me feront leurs cris? Aux sphères éternelles
Ne monte aucun écho de ces clameurs mortelles,
Et, si dans l'autre vie on en entend le bruit,
La mort encor pour moi ne sera pas sans fruit :
Trompé par vos serments, votre époux vous adore,
De son affection il vous croit digne encore,
Il me croit seul coupable, et, grâce à cette erreur,
Vous demeurez pour lui la source du bonheur.
Ce bonheur, nulle voix ne pourra le détruire ;
Seul je puis l'éclairer, je mourrai sans l'instruire.
Maintenant, écoutez : je vous ai, dans le cœur,
Madame, toujours cru des sentiments d'honneur;
Dans peu d'instants la mort va finir ma carrière;
Si vous voulez remplir ma volonté dernière,

Jurez-moi que, devant l'amour qu'il a pour vous,
Vous serez désormais digne de votre époux!

SUZANNE.

Vous êtes généreux, vous êtes magnanime.
Pour vous punir d'avoir su m'éviter un crime,
J'avais voulu vous perdre, et, loin de vous venger,
Vous êtes bravement venu me protéger...
    (Se jetant à genoux.)
Je me repens, Albert; ce n'est pas tout encore:
Autant je me méprise, autant je vous honore.

ALBERT.

Ah! votre cœur est bon! Je l'avais jugé tel,
Et j'avais bien raison d'oser lui faire appel.
Vous pouvez maintenant marcher la tête haute;
Où naît le repentir a disparu la faute.
Relevez-vous, madame.

SUZANNE.

            A votre tour, d'abord,
Jurez-moi de ne point vous vouer à la mort.

ALBERT.

Impossible!

SUZANNE, se relevant.

   Pourquoi?

ALBERT.

        Pourquoi?... Peu vous importe.

SUZANNE.

Pas de détours; il faut que sur vous je l'emporte;
Je tiens à bien remplir mon devoir jusqu'au bout.
Vous êtes innocent, Henri connaîtra tout;
Sa vengeance sera sur moi seule assouvie.

ALBERT.

Non, non, je ne veux pas, à ce prix, de la vie.

SCÈNE III

SUZANNE, seule.

Je suis coupable, et c'est Albert qui périrait!
Cela ne se peut pas! Pour moi cela serait
Un sujet incessant de remords et de honte!...
La honte et le remords, un jour on les surmonte;
Mais le lendemain même ils reviennent plus forts.
Je fléchirais sous eux malgré tous mes efforts,
Je ne cesserais pas de songer à mon crime,
Partout m'apparaîtrait ma sanglante victime,
D'Henri je ne pourrais soutenir les regards,
Devant ses yeux riants les miens seraient hagards,
Son sourire, sa voix, ses baisers, ses caresses,
Tout ce qu'il m'offrirait d'estime et de tendresses,
Tout me rappellerait, pour m'en accabler mieux,

L'écrasant souvenir d'un mensonge odieux.
Il le faut, je lui dois révéler tout sans crainte;
S'il se venge sur moi, je périrai sans plainte.

SCÈNE IV

SUZANNE, THÉODORE LANGELET.

THÉODORE.
Madame, nous pouvons nous réjouir tous deux...
SUZANNE.
De quoi?
THÉODORE.
Nous allons voir s'accomplir tous nos vœux.
SUZANNE.
Comment cela, monsieur?
THÉODORE.
Albert, s'il ne recule,
Va, j'en ris malgré moi, se battre au crépuscule.
SUZANNE.
Et cela vous fait rire?
THÉODORE.
En dois-je donc pleurer?
Si la rencontre doit le détériorer,
Sans le moindre embarras et comme par miracle,
Nous allons devant nous voir tomber chaque obstacle;

Sans épouser Camille, il va m'être permis
D'aspirer au bonheur que vous m'avez promis.

SUZANNE.

Comment avez-vous pu me juger assez folle
Pour croire que jamais je vous tiendrais parole,
Et comment pensiez-vous que, sans le secourir,
Je pourrais voir Albert en danger de mourir?

THÉODORE.

Après ce que de lui vous m'aviez fait entendre,
A pareil changement j'étais loin de m'attendre ;
Mais il m'importe peu de savoir, après tout,
Si vous n'éprouvez plus pour lui tant de dégoût.
Cette affaire n'est pas la mienne, c'est la vôtre.
Mais ce qui m'intéresse un peu plus que tout autre,
C'est le pacte qui s'est entre nous établi
Et que vous ne pouvez avoir mis en oubli.

SUZANNE.

Pour vous comme pour moi ce pacte est une honte.

THÉODORE.

Il faudra bien pourtant l'exécuter ; j'y compte.

SUZANNE.

Jamais !

THÉODORE.

Jamais ? Ainsi, pour vous servir de moi,
Madame, vous avez trompé ma bonne foi.

SUZANNE.

On ne trompe jamais les gens de votre espèce.

THÉODORE.

C'est peu pour vous d'oser trahir votre promesse,
Vous m'insultez encor; mais prenez garde à vous;
Vous ignorez jusqu'où peut aller mon courroux.

SUZANNE.

Je n'en ai nulle crainte.

THÉODORE.

    A merveille, madame;
J'expérimenterai la force de votre âme.

SUZANNE.

Un lâche tel que vous pourra me faire horreur;
Mais de ses attentats je n'aurai jamais peur!

THÉODORE.

C'est ce que nous verrons après le duel.

SUZANNE.

      J'aime
Autant vous éclairer sur votre erreur extrême :
Vous pouvez commencer la guerre; grâce à Dieu,
Le duel projeté ce soir n'aura pas lieu.

THÉODORE.

Vous le croyez?

SUZANNE.

   J'en suis on ne peut plus certaine.

THÉODORE.

Qui l'empêchera ?

SUZANNE.

Moi !

THÉODORE.

Vous prenez trop de peine.
Albert pourra ne pas se battre, grâce à vous ;
Mais jamais de Camille il ne sera l'époux.
Je veux, en m'unissant à la femme qu'il aime,
Vous tenir ma promesse en dépit de vous-même,
Et je vais, avant tout, m'occuper aujourd'hui
De me venger de vous, de Camille et de lui.

SUZANNE.

Ah ! vous êtes un monstre !...

SCÈNE V

SUZANNE, M. GAUTHIER.

SUZANNE, à part.

Henri !... ma force expire.
O mon Dieu ! donnez-moi le cœur de tout lui dire.
(A M. Gauthier.)
Comme vous êtes pâle !

MONSIEUR GAUTHIER.

En effet, il m'est dur
De voir que dans ce monde il n'est pas d'ami sûr.

En qui dorénavant puis-je avoir confiance,
Quand le meilleur de tous manque de conscience ?
SUZANNE.
Calmez-vous ; il n'a pas démérité de vous.
Si quelqu'un doit subir votre juste courroux,
C'est moi, qui, je l'avoue, ai seule été coupable !
MONSIEUR GAUTHIER.
Toi !... Pourquoi me tenir ce langage incroyable ?
Toi coupable ?... Jamais. N'est-ce pas que tu ris ?
SUZANNE.
Non, non, je ne veux pas abuser vos esprits ;
Je fais un trop grand cas de votre juste estime,
Pour venir faussement m'accuser d'un tel crime.
MONSIEUR GAUTHIER.
Toi, criminelle aussi ? Pour perdre la raison,
Il ne me manquait plus que cette trahison.
SUZANNE.
Écoutez-moi de grâce, et vous pourrez ensuite,
Comme vous l'entendrez, châtier ma conduite.
Oubliant vos bontés, j'ai senti pour Albert
Un penchant qu'à ses yeux hier j'ai découvert.
Fidèle à l'amitié qu'il a pour vous si pure,
Pour lui dans mes aveux il n'a vu qu'une injure,
Et moi, pour me venger de sa fidélité,
J'ai voulu le noircir de mon indignité.

(Elle se jette à ses pieds.)
Voilà ce que j'ai fait et ce que je confesse...
Maintenant vengez-vous, je mourrai sans faiblesse.

MONSIEUR GAUTHIER.

Moi! me venger, Suzanne, et me venger de toi,
Lorsque le repentir te ramène vers moi !
Me venger! me venger, quand ton aveu sublime
Me rend le noble ami que j'accusais d'un crime!
Oh! va, relève-toi; car au fond de mon cœur
Tout porte, je le sens, l'empreinte du bonheur...
(Il l'embrasse.)
Oh ! je t'aime, vois-tu, plus qu'autrefois encore.

SUZANNE, se relevant.

Et moi, plus que jamais maintenant je t'adore,
Et quelque grand que soit le nombre de mes jours,
Pour payer tes bienfaits, ils resteront trop courts.

MONSIEUR GAUTHIER.

De tes bons sentiments je ne veux qu'une preuve.

SUZANNE.

Parle, me voilà prête à soutenir l'épreuve.

MONSIEUR GAUTHIER.

De mon fidèle ami je cours serrer la main.
Tu sais à son égard quel était mon dessein :

Joins tes efforts aux miens dans la même pensée,
Et poursuis avec moi mon œuvre commencée.
SUZANNE.
Tu peux compter sur moi.

SCÈNE VI

SUZANNE, seule.

                Que mon cœur est changé,
Et de quel poids affreux je le sens dégagé !

SCÈNE VII

SUZANNE, CAMILLE.

CAMILLE.
Ah ! madame, venez à mon aide, de grâce,
Venez, je vous en prie : un malheur nous menace.
SUZANNE.
Ne vous alarmez pas ainsi ; rien n'est perdu.
Tout ce qui vous effraye est un malentendu
Qu'Albert et mon mari viennent de reconnaître ;
Une amitié plus vive entre eux vient de renaître.
CAMILLE.
Alors tout est fini ?

SUZANNE.
Tout est fini.
CAMILLE.
Bien sûr?
SUZANNE.
De votre part, Camille, un tel doute m'est dur.
CAMILLE.
Madame, excusez-moi, si mon doute vous froisse;
On doute malgré soi, quand on est dans l'angoisse.
SUZANNE.
Chère enfant, je comprends en vous ce sentiment,
Et ne vous en fais pas un crime assurément.
CAMILLE.
Ainsi plus de duel. Mais pourrez-vous me dire
Qui leur avait soufflé ce sauvage délire?
SUZANNE.
Vous et moi, nous l'avions introduit dans leur cœur.
CAMILLE.
Quoi! nous aurions été cause d'un tel malheur?
SUZANNE.
Oui, chacune de nous en aurait été cause.
En ce qui me concerne, à vous dire autre chose
Veuillez ne m'obliger, Camille, aucunement.
CAMILLE.
Soit; mais moi, vous pouvez me dire au moins comment

L'INGRAT

J'aurais été mêlée à ce drame terrible.
Ah! ne différez pas; ma torture est horrible.

SUZANNE.

Puisque vous le voulez, vous allez le savoir :
Aussi bien, vous le dire est mon premier devoir.

CAMILLE.

J'écoute.

SUZANNE.

Sachez donc qu'Albert, qui vous adore,
Vous avait néanmoins laissée à Théodore,
Et que, ce sacrifice étant pour lui trop fort,
Il n'y pouvait survivre et désirait la mort.
Il l'eût d'Henri reçue avec reconnaissance.

CAMILLE.

Et moi qui l'accusais de tant d'indifférence!
Ah! quelque chose aussi me révélait tout bas
Que cette indifférence au fond n'existait pas?
Comment reconnaîtrai-je une telle tendresse?

SUZANNE.

Je m'en vais vous le dire; écoutez, le temps presse :
C'est peu d'avoir sauvé ses jours; sans le bonheur,
La vie est un boulet qu'on traîne avec horreur.
Vous êtes, chère enfant, le rêve de sa vie;
Faites tous vos efforts pour combler son envie.

CAMILLE.

J'y suis bien décidée, et si j'y réussis,
J'aurai réalisé le but que je poursuis.
Mais vous, qui voulez bien raffermir mon courage,
Prêtez-moi votre appui dans ce pénible ouvrage.

SUZANNE.

Je vous l'allais offrir, plus heureuse que vous,
Si je puis voir Albert devenir votre époux.
Dans vos refus soyez ferme, et je vous proteste
Que je viendrai, moi seule, à bout de tout le reste.

SCÈNE VIII

CAMILLE, seule.

Ah! sur moi tous les maux peuvent fondre aujourd'hui;
Ils ne me causeront, quels qu'ils soient, nul ennui.
Mon Albert est sauvé; le reste est peu de chose;
Mes vœux sont satisfaits; que de moi Dieu dispose!
Quant à lui, s'il lui faut encore mon amour,
Il le possédera jusqu'à mon dernier jour.

SCÈNE IX
CAMILLE, MADAME LOMBARD.

MADAME LOMBARD.
Ma fille, que veut dire une telle conduite?
Je suis depuis bientôt une heure à ta poursuite.
As-tu donc résolu de faire mon tourment?

CAMILLE.
Non, ma mère; j'en suis au désespoir, vraiment.

MADAME LOMBARD.
Chez monsieur Langelet tu tombes presque morte;
Dans cet affreux état de chez lui l'on t'emporte;
Dans ta chambre on t'étend sur ton lit, et je sors.
A peine ai-je passé quelques instants dehors,
Que vers toi je retourne avec sollicitude;
Mais rends-toi compte un peu de mon inquiétude,
Quand, rentrant dans ta chambre et mesurant mes pas,
Je vais droit à ta couche et ne t'y trouve pas.
Je m'agite, je cours, je cherche, j'interpelle;
Personne ne t'a vue ou ne se le rappelle,
Et c'est après t'avoir cherchée en vingt endroits
Que dans cette maison enfin je te revois.

CAMILLE.
Je comprends tout l'ennui qu'à votre cœur je donne;
Mais je ne doute pas qu'il ne me le pardonne.

A peine ai-je senti mes forces revenir
Que de tout me revient aussi le souvenir;
Je me souviens alors de la prochaine lutte,
Je cours, pour empêcher qu'elle ne s'exécute;
Chez madame Gauthier j'arrive, et devant moi
Je la trouve saisie encor du même émoi.
Avertie avant moi de l'affreuse nouvelle,
Elle avait eu le temps de clore la querelle.

MADAME LOMBARD.

Ainsi, lorsque tu m'as suscité tant d'ennui,
C'était pour t'occuper des affaires d'autrui?

CAMILLE.

D'autrui! Que dites-vous? Ah! qu'il vous en souvienne,
La mort d'Albert, ma mère, aurait causé la mienne :
Sa douleur est la mienne et ses plaisirs les miens;
Avec d'autres je veux n'accepter nuls liens;
Pour tout dire, je l'aime, et toute mon envie
Est de me voir unie avec lui pour la vie!

MADAME LOMBARD.

Tu persévères donc dans ton égarement?

CAMILLE.

J'y persévérerai, ma mère, constamment;
Pour un autre que lui jamais au fond de l'âme
Je ne me sentirai la plus légère flamme.

MADAME LOMBARD.

Le temps est un grand maître; il t'apprendra bientôt
Que ce que tu dis là n'est pas ton dernier mot.

CAMILLE.

Le temps ne pourra pas changer mes sympathies.

MADAME LOMBARD.

Quand tu les sentiras sur son aile parties,
Tu me remercîras d'avoir su t'arrêter
Sur la pente où tu veux avec toi m'emporter.

CAMILLE.

Chacun a ses penchants distincts de ceux des autres.
Vous ne pouvez juger de mes goûts par les vôtres;
Ce qui peut à vos yeux paraître le malheur,
Est ce qui va le mieux aux besoins de mon cœur.
J'ai maintenant assez de raison pour comprendre
Quel chemin mon bonheur peut m'ordonner de prendre,
Et, tout considéré, j'ai vite découvert
Que je ne le suivrais qu'en épousant Albert.

MADAME LOMBARD.

Ton triste aveuglement, mon enfant, me désole.
Pour un instant j'admets qu'Albert soit ton idole,
J'admets qu'il ne lui manque aucune qualité;
Mais ouvre un peu les yeux sur la réalité :
Suffit-il qu'un mari soit bon, tendre et sensible?
Non; s'il n'a que cela, la vie est impossible.

Albert est vertueux, je l'admets ; mais, vois-tu,
On ne se nourrit pas seulement de vertu.
Bonne dans la richesse, elle est dans l'infortune
Une inutilité dont la vue importune.

CAMILLE.

Albert est jeune, il a du cœur et du talent ;
Pour vivre il gagnera toujours assez d'argent.

MADAME LOMBARD.

De nos jours le talent est bien souvent stérile ;
Les obstacles sont grands, l'âme la plus virile
A rarement assez de force ou de bonheur
Pour être appréciée à sa juste valeur,
Et tu dois supposer, pour n'être pas déçue,
Que le talent d'Albert restera sans issue.
Si tu veux, au contraire, accepter pour époux
Monsieur Langelet fils, qui t'en prie à genoux,
Tu vivras sans soucis et n'auras point à craindre
Que la gêne avec lui puisse jamais t'atteindre.
Il n'a peut-être pas les qualités d'Albert,
Son bon cœur, sa belle âme et son esprit ouvert,
Il ne te rendra pas l'épouse d'un grand homme ;
Mais il est, tu le sais, riche autant qu'économe,
Et si tu ne cours pas la chance d'être un jour
La femme d'un ministre influent à la cour,

Avec lui tu pourras, sans craindre l'indigence,
Couler au moins tes jours au sein de l'opulence.

CAMILLE.

Ma mère, je vous crois, cet homme est couvert d'or;
Mais, comme ce matin, je vous le dis encor,
J'aime mieux l'indigence, avec Albert que j'aime,
Que l'opulence avec tout autre que lui-même.
Nous avons toutes deux la même idée au cœur;
Comme moi vous voulez assurer mon bonheur;
Je sens ce qu'il me faut, j'en ai la prescience :
En votre fille ayez un peu de confiance.

MADAME LOMBARD.

De tant d'entêtement je suis lasse à la fin,
Et, puisque à raisonner je m'exténue en vain,
Je ne persiste plus à discuter encore.
Demain, pour être unie à monsieur Théodore,
De force ou de bon gré, mais sans faire d'éclat,
Tu devras te résoudre à signer le contrat.

CAMILLE.

Jamais!

MADAME LOMBARD.

Demain, te dis-je.

CAMILLE.

Et moi, je vous assure
Que vous n'obtiendrez pas demain ma signature.

MADAME LOMBARD.
Assez!
CAMILLE.
Quand je devrais me voir couper le poing,
A me faire signer vous n'arriveriez point.

SCÈNE X

Les Mêmes; MONSIEUR LANGELET, MADAME LANGELET, THÉODORE LANGELET.

MADAME LOMBARD, à Camille.
Chut!
MADAME LANGELET, à madame Lombard.
De vous rencontrer je suis vraiment bien aise.
MONSIEUR LANGELET.
Ma femme, veux-tu bien accepter cette chaise?
MADAME LANGELET, s'asseyant et s'adressant toujours à madame Lombard.
Nos enfants sont pressés de se donner la main;
Le contrat doit toujours être signé demain,
N'est-ce pas?
CAMILLE, bas à madame Lombard.
N'allez pas vous lier envers elle.
MADAME LOMBARD, avec embarras, à madame Langelet.
Je n'y vois point d'obstacle.

THÉODORE, à Camille.
            Et vous, mademoiselle ?
(Camille lui tourne le dos, sans répondre.)

MADAME LANGELET.
Demain, après avoir signé notre contrat,
Je désire donner un dîner d'apparat,
Où je réunirai quelques amis intimes.
A ce titre nul n'a des droits plus légitimes
Que madame Gauthier, que nous avons tous trois
Cru devoir inviter d'une commune voix.
C'est pour cela qu'ici vous nous voyez ensemble.
Avec nous est-ce aussi l'objet qui vous rassemble ?

MADAME LOMBARD, embarrassée.
Non... pas précisément... Je suis loin de nier
Pourtant les droits certains de madame Gauthier,
Et près d'elle je vais, pour qu'elle soit des nôtres,
Adjoindre, s'il le faut, mes instances aux vôtres.

MADAME LANGELET.
J'accepte. L'un de nous, par procuration,
Va lui faire pour tous notre invitation.
Qui veut bien se charger de porter la parole ?

THÉODORE.
Si l'on veut m'accepter, je remplirai ce rôle.

MADAME LOMBARD, à Théodore.
Personne mieux que vous ne pourrait le remplir.

THÉODORE.

Nul n'aura plus à cœur de le bien accomplir ;
Voilà ce que je puis vous dire au moins d'avance.

CAMILLE, à part.

O mon Dieu ! faites-moi tout entendre en silence !

MONSIEUR LANGELET.

Voici précisément madame Gauthier.

THÉODORE.

                      Bien.

MONSIEUR LANGELET, à Théodore.

Allons...

THÉODORE.

Laissez-moi faire, ou je ne dirai rien.

SCÈNE XI

Les Mêmes, SUZANNE.

SUZANNE, à Théodore.

Vous en ce lieu, monsieur ?

THÉODORE, d'un ton goguenard, qu'il conserve jusqu'à la fin de la scène.

             Oui, madame, moi-même.

SUZANNE.

Que voulez-vous, monsieur ?

                    (A part.)

            Quelle impudence extrême !

THÉODORE.

Connaissant l'intérêt que vous avez toujours
Pris si spontanément au bonheur de mes jours,
Avec mes chers parents, sans tarder davantage,
Je viens vous annoncer mon prochain mariage,
Auquel vous donnerez votre approbation.

SUZANNE.

Qui donc épousez-vous, sans indiscrétion ?

THÉODORE.

Mademoiselle ici présente.

CAMILLE, à part.

Moi ?

SUZANNE, à part.

L'infâme ?

CAMILLE, bas à Suzanne.

Rassurez-vous, jamais je ne serai sa femme.

THÉODORE.

Nous signons le contrat, sans différer, demain.
A cette occasion nous avons le dessein
D'inviter à dîner quelques amis intimes.
Vous avez à ce rang des droits fort légitimes ;
Nous vous engageons donc tous les trois à venir
A leur groupe chez nous demain vous réunir.
Votre amitié pour nous nous laisse l'espérance
Que vous nous donnerez sur tout la préférence,

Et que, quelqu'incident qui vous puisse entraver,
Pour répondre à nos vœux vous saurez le lever.
MONSIEUR LANGELET, à part.
Comme il vous tourne bien un compliment, le traître!
SUZANNE, à part.
Il me faut donc souffrir, sans rien faire paraître.
Quand il m'insulte, il faut encore que mon front
Ne laisse point percer la trace de l'affront!
Si j'avais su toujours demeurer innocente,
Comme à le démasquer je me verrais puissante!
Il aurait peur de moi, je ne le verrais pas,
Comme dans ce moment, m'écraser sous ses pas.
Je n'ai qu'un seul instant quitté la droite route;
Voilà mon châtiment, voilà ce qu'il m'en coûte!
THÉODORE, à Suzanne.
Vous ne répondez rien? Faut-il, auprès de vous,
Que madame Lombard aussi se joigne à nous?
MADAME LOMBARD.
En effet je serais, pour ma part, désolée,
Si madame Gauthier manquait à l'assemblée.
MADAME LANGELET.
Laissez-vous attendrir; vous voyez à quel point
Vous nous ferez défaut, si vous ne venez point.
SUZANNE.
A tant d'empressement je suis vraiment sensible;

L'INGRAT

Mais ne m'attendez pas, cela m'est impossible.
(A part.)
Ah! j'étouffe de honte!

THÉODORE.

Impossible! Pourquoi?

SUZANNE, d'un ton sévère.

Vous en savez, monsieur, la cause comme moi.

SCÈNE XII

Les Mêmes, MONSIEUR GAUTHIER, ALBERT MARTIN.

MONSIEUR GAUTHIER.

Notre meilleur ami nous est rendu, Suzanne;
A vous tendre la main tous deux je vous condamne.

ALBERT.

J'accepte avec bonheur la condamnation.

SUZANNE.

Et moi, je l'exécute avec effusion.

THÉODORE.

Parbleu! je suis, Albert, au comble de la joie :
Je voulais t'aller voir, le ciel à moi t'envoie.
Dans quelques jours au plus je vais avoir besoin
Que de garçon d'honneur tu remplisses le soin.

Bientôt je me marie avec mademoiselle.
Dans cette occasion je compte sur ton zèle.

ALBERT.

Cessez de plaisanter, monsieur ; je vous connais,
Et, si par dignité je ne me retenais,
Vous me verriez ici punir vos perfidies.

THÉODORE.

Est-ce pour moi que sont ces paroles hardies?

ALBERT.

Pour vous, monsieur, pour vous ; vous le savez fort bien ;
Ne dissimulez pas, vous n'y gagnerez rien.

MADAME LANGELET.

Jamais on n'a pu voir une telle nature ;
Quand mon fils le cajole, il lui rend une injure.

MONSIEUR LANGELET.

Quand depuis si longtemps nous faisons tout pour lui,
Injurier mon fils de la sorte aujourd'hui !

THÉODORE.

Mon père, calmez-vous et cessez de me plaindre ;
Les injures d'Albert ne peuvent pas m'atteindre.

MADAME LANGELET, à madame Lombard.

Je suis aise vraiment que vous soyez ici ;
Vous n'auriez jamais cru qu'on pût agir ainsi.

MADAME LOMBARD.

Vous avez bien raison; sans cette triste étude
Je n'aurais pas pu croire à tant d'ingratitude.

ALBERT.

Tu les entends, Henri? je ne suis qu'un ingrat!

MONSIEUR GAUTHIER, à madame Lombard.

Vous mettez promptement les gens hors de combat.
Heureusement tous ceux qui pensent le connaître
Ne sont pas de l'avis que vous faites paraître,
Et, pour ne vous citer qu'un exemple à l'appui,
Son patron notamment fait si grand cas de lui,
Qu'aujourd'hui même il vient de lui céder sa charge;
Albert a, pour payer, le délai le plus large,
Et, tout en vivant bien, il pourra tous les ans,
Mettre encor de côté quarante mille francs.

MADAME LOMBARD, stupéfaite.

Quarante mille francs par an! C'est magnifique.

THÉODORE.

C'est trop pour être vrai.

MONSIEUR GAUTHIER.

     Monsieur, c'est véridique.

MADAME LOMBARD, à monsieur Gauthier.

Quarante mille francs? C'est bien ce chiffre-là?

MONSIEUR GAUTHIER.

Vous avez entendu comme il faut; c'est cela.

MADAME LOMBARD, d'un ton repentant.

Monsieur, j'ai tout à l'heure été beaucoup trop prompte ;
Mais sur votre indulgence en ce moment je compte.
Pardonnez-moi, monsieur, et surtout obtenez
    (Désignant Albert.)
Que mes propos me soient par monsieur pardonnés.

MONSIEUR GAUTHIER.

Vous êtes excusée en ce qui me concerne ;
Mais mon ami n'est pas de ces hommes qu'on berne
Et qu'ensuite on apaise avec quelques doux mots ;
Pour détruire l'effet de vos mauvais propos,
Il vous faut lui donner la main de votre fille.

MADAME LOMBARD.

Je n'osais demander la sienne pour Camille.
Pour moi, s'il y consent, ses vœux sont une loi.

CAMILLE, à madame Lombard.

Vous disposez toujours trop aisément de moi :
Albert ne peut plus être aujourd'hui votre gendre ;
Devenu riche, il peut à mieux que moi prétendre.

ALBERT.

Camille ! y pensez-vous ? Ne savez-vous donc pas
Que pour moi l'or n'est rien auprès de vos appas,
Et que plus que jamais maintenant je vous aime,
Parce que je me crois plus digne de vous-même ?

Quand vous voyez pour vous s'accroître mon amour,
Le vôtre pourra-t-il disparaître en retour?
CAMILLE.
Non, pour vous résister, je sens en vous trop d'âme;
Je n'ai plus de scrupule, et je suis votre femme.
ALBERT.
Ma femme ! Ah ! maintenant il n'est plus de malheur
Qui puisse me plonger dans la moindre douleur.
MADAME LANGELET, à madame Lombard.
Vous m'avez cependant donné votre parole ?
MADAME LOMBARD.
C'est vrai; mais d'y compter vous avez été folle,
Tant, madame, il est vrai que les événements
Sont quelquefois plus forts que nos engagements!
MADAME LANGELET.
Quelle femme d'argent !
THÉODORE.
              Quelle sanglante injure !...
Ah! nous nous reverrons, Albert, je te le jure !
ALBERT.
Monsieur, je vous dédaigne et ne vous réponds pas.
MONSIEUR GAUTHIER.
Pour jamais te revoir, il craint trop le trépas.

SCÈNE XIII

MONSIEUR LANGELET, MADAME LANGELET, MADAME LOMBARD, MONSIEUR GAUTHIER, ALBERT MARTIN, SUZANNE, CAMILLE.

MADAME LANGELET.

Hébergez donc les gens, pour qu'ensuite on vous paye,
Le jour de l'échéance, avec cette monnaie !
J'ai d'une tendre mère eu pour Albert l'amour,
Et lui, non seulement il n'a jusqu'à ce jour
Rien fait pour me payer de toute ma tendresse.
Mais encore, cédant à son âme traîtresse,
Il n'a pas craint de prendre à l'instant devant nous
Celle de qui mon fils devait être l'époux.
Ami de la maison, c'est-à-dire ami traître,
Il n'a songé chez nous qu'à s'ériger en maître.
Heureusement pour moi la leçon me suffit,
Et je m'en vais tâcher de la mettre à profit.

MONSIEUR GAUTHIER.

Prenez garde; je crains pour vous que cette épreuve,
Madame, ne fournisse au contraire la preuve
Qu'ils n'ont pas, en jugeant l'ami, toujours raison,
Ceux qui croient que jamais il ne vaut pas la maison.

TABLE DES MATIÈRES

	PAGES.
LE LIVRE AU LECTEUR	V
BRUNEHILDE	1
PAUL ET PAULINE	103
L'INGRAT	147

Paris. — Typographie Gaston Née, 1, rue Cassette. — 4191.

www.ingramcontent.com/pod-product-compliance
Lightning Source LLC
Chambersburg PA
CBHW072007150426
43194CB00008B/1030